江苏名村

潘楼村志

徐州市铜山区三堡街道潘楼村志编纂委员会
江苏省地方志编纂委员会办公室
编著

JIANGSU
FAMOUS VILLAGE

ANNALS
OF
PANLOU VILLAGE

南京出版传媒集团 南京出版社

图书在版编目（CIP）数据

江苏名村．潘楼村志 / 徐州市铜山区三堡街道潘楼村志编纂委员会，江苏省地方志编纂委员会办公室编著．-- 南京：南京出版社，2024.6

ISBN 978-7-5533-4561-1

Ⅰ．①江… Ⅱ．①徐… ②江… Ⅲ．①村史—徐州 Ⅳ．① K295.35

中国国家版本馆 CIP 数据核字（2024）第 025069 号

书　　名　江苏名村・潘楼村志

作　　者　徐州市铜山区三堡街道潘楼村志编纂委员会

　　　　　江苏省地方志编纂委员会办公室

出版发行　南京出版传媒集团

　　　　　南 京 出 版 社

　　　　　社址：南京市太平门街53号　　邮编：210016

　　　　　网址：http://www.njcbs.cn　　电子信箱：njcbs1988@163.com

　　　　　联系电话：025-83283893、83283864（营销）　025-83112257（编务）

出 版 人　项晓宁

出 品 人　卢海鸣

责任编辑　徐　辰

装帧设计　良在设计

责任印制　杨福彬

排　　版　南京凯德印刷有限公司

印　　刷　南京凯德印刷有限公司

开　　本　787毫米×1092毫米　1/16

印　　张　12.25

字　　数　139千字

版　　次　2024年6月第1版

印　　次　2024年6月第1次印刷

书　　号　ISBN 978-7-5533-4561-1

定　　价　98.00元

用微信或京东APP扫码购书

用淘宝APP扫码购书

江苏名镇名村志
总序

江苏人文荟萃，文化底蕴深厚，享有“方志之乡”的美誉。历代志书不仅数量众多，良志辈出，而且镇村志编修也十分发达。仅明清两代，江苏就有镇村志239种，为全国仅有。党的十八大以来，地方志事业进入新的发展阶段。根据《国务院办公厅关于印发全国地方志事业规划发展纲要（2015—2020）的通知》对镇村志工作提出的新要求，2016年12月，省政府办公厅发文，启动全省名镇名村志编修。这是江苏镇村志编修的新的里程碑。

习近平总书记强调，乡土文化的根不能断。乡镇村庄是中华传统文化的根基，积淀了中华民族灿烂的农耕文明，见证了千百年来社会的发展变迁，寄托无数华夏儿女的乡愁记忆。江苏现有国家级和省级历史文化名城16座、历史文化名镇39个、历史文化名村18个、中国传统村落33个、历史文化街区99处。国家级历史文化名城、名镇和中国历史文化街区的数量均名列各省区首位。在这片肥沃的土地上，江苏人民世代躬耕劳作，留下了数量众多的名镇名村，催生了丰富多彩的乡土文化。有“人家尽枕河”的江南小镇，也有“两面云山一面湖”的淮海胜境；有“水光翻动五湖天”的自然景致，也有“听取蛙声一片”的农家村落。这些名镇名村所蕴含的优秀乡土文化，是中华传统文化的重要组成部分。

党的十九大提出乡村振兴战略。这是美丽乡村建设的关键举措，也是传承发展传统文化的有效途径。截至2018年底，我国常住人口城镇化率达59.58%，江苏达到69.61%。千百年来“暧暧远人村，依依墟里烟”的乡村中国，正在经历着人类历史上规模最大、速度最快的城镇化进程。如何处理好传统与现代、继承与发展的关系，如何把记忆留住、把乡愁留下，是摆在我们面前的一道必答题。江苏以高度的历史责任感，出台保护名镇名村的政策法规，探索保护名镇名村的路径方法，为社会经济发展留下文化根脉，让子孙后代望得见山、看得见水、记得住乡愁，众多名镇名村得到有效保护，不少名镇名村驰名中外，许多有益的探索弥足珍贵。这些可圈可点的江苏经验，是一笔不可多得的宝贵财富。

"直笔著信史，彰善引风气，为当代提供资政辅治之参考，为后世留下堪存堪鉴之记述。"省地方志办公室组织编纂的《江苏名镇名村志》丛书，旨在通过权威的地情资料，以突出"名""特"的志书表达方式，记录名镇名村的前世今生，展示名镇名村的文化魅力，推介名镇名村的品牌价值，让乡愁记忆有所承载，让家国情怀有所寄托，为乡村振兴战略提供人文关怀，为新型城镇化建设提供历史智慧。

省地方志办公室坚持理念创新，引领工作创新，创造性地以编纂全媒体志书的思路指导江苏名镇名村志丛书的编纂。不仅积极抢救保存传统的村镇文化，更着眼未来，把宣传推介村镇文化、服务乡村振兴战略作为志书的重要使命，让名镇名村志成为当地名片。不仅如实记录名镇名村发展的历史，更适应当代记录手段的多样化，采用时尚图书的做法、按照最美图书的标准，改变以文字记录为主的传统方式，把音视频、图片与文字等量齐观，让读者在有限的时间和空间内获取最大的信息量，使名镇名村志从无声变成有声，从平面成为立体，从静态变为动态，真正为人民群众所喜闻乐见。

"君自故乡来，应知故乡事。"每一部志书，记载的都是一方水土上的人和事，都是一方人民的精神家园。希望大家在打开《江苏名镇名村志》，品读一个个鲜活的乡村故事的时候，努力地去触摸民族精神的灵魂，在深切感受历史文化气息和爱国爱家情怀的过程中，涵养文化自信的根基。

谢润盛

2020年8月

序

《江苏名村·潘楼村志》几易其稿，即将付梓，实属不易。展读志稿，心中感慨颇多！

《潘楼村志》是潘楼村精神文明建设中的一项重大文化建设成果，全书13万余字，以翔实的文字、图片、视频等历史资料客观记述了潘楼村的经济社会、人文地理、自然风貌、民俗风情，充分展现了潘楼广大干部群众在改革开放、全面建设小康社会中的新面貌、新精神、新形象、新风采，再现了潘楼人创造的骄人业绩和辉煌成就。

“盛世修志，志载盛世”是中华民族优秀文化传统，历史悠久、源远流长。编修名村志是用鲜明的地域色彩，保留乡土记忆、传承传统文化、弘扬社会主义核心价值观的重要工程，也是新时期文化建设的重要组成部分。从志书中可以看出，在时代的潮流中，潘楼人顺势而为，凭借其勇于开拓创新、锐意进取、奉献拼搏、艰苦奋斗的精神，不断深化农村改革，推进产业结构调整，大力发展优质高效农业；积极开展招商引资，走农村工业化道路，潘楼村农村经济快速发展。2021年农村经济总收入达4.2亿元，居民生活水平明显提高，人均纯收入达到3.6万元。潘楼村在发展经济基础上，积极推进生态文明建设和精神文明建设，大力营造特色鲜明的新型生态宜居家园，潘楼大地发生翻天覆地的变化，现今的潘楼村已成为经济繁荣、城乡协调、社会和谐、生态优良的乡村。20世纪90年代以后，潘楼曾荣获“全国文明村镇”“全国平原绿化千佳村”“全国敬老文明号”“全国示范性老年友好性社区”“全国绿色小康村”“江苏省文明村”“江苏省特色田园乡村”“江苏最美乡村”等国家、省级荣誉称号共计20多项次。一系列殊荣，可以说是潘楼创新发展的历史见证，是潘楼人用勇于开拓奋进、励精图治的精神和智慧、汗水书写的精彩篇章，将永久载入潘楼村发展的史册。

纵观志书，可以说潘楼村的历史是一部砥砺奋进、勇立潮头、创新探索、成就希望的奋斗史。

同时，《潘楼村志》是一部全媒体综合性志书，是一部推陈出新、特色特点突出、可读性强的时代新篇，给人以耳目一新的感受。

按照《江苏名镇名村志》的编纂要求，《潘楼村志》篇目设计体现地方发展特色，内容记述突出重点、详略得当，彰显“名”“特”；志书指导思想正确、文风朴实、语言精练、行文规范，既继承了地方志书的传统特色，又与时俱进，改变以文字记录为主的传统方式，按照最美图书的标准，采用文字、图片和音视频形式，使志书从无声变成有声，从平面成为立体，从静态变为动态，更加生动地体现全国文明村镇潘楼形象，为广大读者所喜闻乐见，使《潘楼村志》成为当地名片。

《潘楼村志》的问世，是一件功在当代、惠及后世的好事，将为后人认识潘楼留下宝贵的文献性资料和精神财富，同时《潘楼村志》也是一部很好的乡土教材，为我们鉴往知今，提供了宝贵的资料。

而今，我们正奋进在全面实施乡村振兴战略的新征程上，潘楼将以习近平新时代中国特色社会主义思想为指导，坚持新发展理念，按照高质量发展要求，围绕打造“苏北人居环境第一村”的目标定位，把该村建设成为“生产发展、生活宽裕、乡风文明、村容整洁、管理民主”的社会主义现代化新农村，让潘楼这片生生不息的沃土在实现中国梦的征程上谱写出更多更美的新篇章。

铜山区三堡街道党工委书记　刘　锋

铜山区三堡街道办事处主任　谢　敏

2023年6月

江苏名镇名村志编纂委员会

《江苏名村·潘楼村志》编纂委员会

第一届（2021年10月~2022年10月）

主　　任　徐军瑞

成　　员　刘　锋　谢　敏　张衍刚　张德军　王岩岩

仇　彬　陈　玉　谢春强　吴远远

第二届（2022年10月~2023年12月）

主　　任　邹学良

成　　员　刘　锋　谢　敏　张衍刚　张德军　王岩岩

仇　彬　陈　玉　谢春强　吴远远

特邀编委　仇　彬　夏伯林　曹树银

《江苏名村·潘楼村志》编辑部

主　　　编　张衍刚

编　　　辑　侯希美　郭贤柏　魏　强　周脉营　张震峰

业 务 指 导　仇　彬

终 审 单 位　徐州市史志办公室

终 审 人 员　陆瑞萍　陈　红　王海燕

验 收 单 位　江苏名镇名村志编纂委员会办公室

验 收 人 员　徐彩霞　施国俊　徐学鸿

批准出版单位　江苏名镇名村志编纂委员会

凡例

一、以马克思列宁主义、毛泽东思想、邓小平理论、“三个代表”重要思想、科学发展观、习近平新时代中国特色社会主义思想为指导，坚持辩证唯物主义和历史唯物主义，存真求实，客观记述镇村发展的历史与现状，发挥名镇名村志记录历史、传承文化、服务乡村振兴、激发爱国爱乡情怀的独特作用。

二、记述上限溯及事物发端，下限至2021年，大事记延伸至2022年。记述内容详今略古，侧重反映时代特色和地方特点，体现名村的“名”和“特”。

三、记述地域范围以现行政区域范围为主。

四、人物部类遵循“生不立传”原则。人物传略记载已故人物，按去世时间先后收录。人物简介收录本籍有影响和贡献的在世人物，按出生时间先后排序。

五、计量单位和数字的使用，执行国家新闻出版有关规定。原则上使用法定计量单位，“亩”“公斤”“公里”等仍按社会习惯沿用旧制，不作换算。

六、清及以前的纪年使用朝代年号纪年，括注公元年份，1912年1月1日起使用公元纪年。

七、涉及数据以国家统计部门的发布为准。统计部门未提供的，以相关部门提供并核验的数据为准。

八、“中华人民共和国成立前（后）”，以1949年10月1日为界。文中未注明世纪的年代，均为20世纪的年代。

九、正文相关位置设有二维码，可扫码进行拓展阅读。

潘楼村在铜山区的位置图

徐州市铜山区民政局 监制 速度时空信息科技股份有限公司 编制

审图号：苏C(2021)10号　二〇二一年十一月

汇河路
汇
摩尔庄园
启星路
龙汪街
半亩塘
永安路
潘楼
灌沟街
潘楼小学
潘楼
玉河路
潘楼社区卫生服务站

潘楼村平面示意图

审图号：苏 S（2013）151 号　2013 年 12 月第 1 版第 1 次印刷

荣誉榜

◎ 全国文明村镇

◎ 全国绿色小康村

◎ 全国平原绿化千佳村

◎ 全国敬老文明号

◎ 全国示范性老年友好型社区

◎ 江苏省文明村

◎ 江苏省生态村

◎ 江苏省文明村标兵

◎ 江苏三星级康居乡村

◎ 江苏省和谐社区建设示范村

◎ 江苏最美乡村

◎ 江苏省村镇文明住宅小区

◎ 江苏省管理民主示范村

◎ 全省婚育新风进万家活动先进单位

目　录

村美民富展新貌　苏北江南景象新 /1

1 村情概览

历史沿革 /16
自然环境 /18
姓氏人口 /21
经济发展 /26
特色产业 /38
社会事业 /40
社会保障 /46
居民生活 /49
组织机构 /52

2 乡村建设

基础设施 /56
公共设施建设 /59
生态文明建设 /62
新型农居建设 /66
房地产开发 /67

3 全国文明村
文明村创建 /70
村民道德建设 /74
精神文化生活 /77
关爱美德建设 /79
“十星”级文明户评选 /82
道德模范评选 /88
好人事迹介绍 /89

4 物产美食
地方物产 /96
风味美食 /99

5 乡土文化
民间工艺 /106
民间文艺 /109
传统游艺 /110
故事传说 /112
民间歌谣 /118
方言俗语 /120

6 乡风习俗

生产习俗 /126
生活习俗 /128
节庆习俗 /131
婚育习俗 /133
丧事习俗 /136

7 名人乡贤

人物传略 /140
人物简介 /145
名人履痕 /149
人物名录 /150

大 事 记 /155
编 后 记 /173

鸟瞰潘楼　李传新　摄

坚持四强四促
建设幸福潘楼

问渠哪得清如许
为有源头活水来

坚守五个不动摇
实干兴村建潘楼

潘楼 全国文明村、江苏最美乡村 仇彬 摄

村美民富展新貌　苏北江南景象新

纯粹之美潘楼

潘楼美景

全国文明村潘楼

潘楼，是一颗镶嵌在苏北平原上的璀璨明珠，是一朵盛开在黄淮大地的精神文明之花。这里，道路宽阔整洁，绿树掩映，河道交错，绿水环绕村落，别墅庭院粉墙黛瓦，公园广场四季常绿，阡陌田野果木飘香。潘楼，犹如一幅美丽的江南水乡画卷，被誉为“苏北小江南”。

潘楼，是一个与时俱进、开拓创新的村庄。新中国成立后，尤其是90年代以后，在历届村两委的带领下，广大干部群众解放思想、励精图治，开拓创新、砥砺前进，在新农村建设发展、乡村振兴的道路上立足“富”字，打造富裕潘楼；立足“美”字，打造景美潘楼；立足“和”字，打造人美潘楼，走出了一条具有潘楼特色的发展之路，经济社会、生态文明、精神文明建设呈现出统筹协调发展的新格局，这片土地焕发着勃勃的青春活力，取得了一个又一个辉煌业绩。90年代以后，潘楼先后获“全国文明村镇”“全国平原绿化千佳村”“全国示范性老年友好型社区”“全国敬老文明号”“江苏省生态村”“江苏省文明村标兵”“江苏最美乡村”，以及“徐州市最具魅力十佳乡村”“徐州市最美乡村”；铜山区（县）“十佳小康示范村”“新农村建设先进示范村”“先进基层党组织”等国家、省、市、区（县）荣誉称号共60多项次。一系列荣誉展现出潘楼的风采。如今的潘楼，从一个名不见经传的小村庄历经曲折一路走来，美丽乡村和乡风文明已是潘楼村的鲜明特色和独特印记，成为全省、全国关注的村庄。

一

潘楼村位于徐州市铜山区（国家高新区）三堡街道南部，地处苏皖两省交界处，以灌沟河为界与安徽省宿州市埇桥区曹村镇隔河相望。

潘楼村历史悠久。悠游流淌的灌沟河滋养着这片土地，在历史的长河中，潘楼人世世代代在这里辛勤耕作，繁衍生息，风雨沧桑。据灌沟河附近出土文物，大约在殷商时期，潘楼这块土地上就有先人居住。秦末汉初，潘楼村内河道即有“龙汪”之说，村西耕地有“皇藏窝”之名。晋代建有观音庙。宋代时期，有安姓人家在灌沟河北侧建房居住，取名“安庄”。明朝正统年间改称灌沟村。清雍正六年（1728），潘姓人家为护村瞭望，建两层楼一座，始称“潘楼村”。潘楼村之名至今已有近300年的历史。

潘楼村隶属多有变化。民国初，潘楼村隶属铜山县棠梨乡。新中国成立初期，隶属徐州郊区办事处棠张区潘楼乡。此后先后隶属铜山县三堡人民公社、三堡乡、三堡镇。2013年9月，潘楼村隶属铜山区三堡街道办事处，至2021年未有变化。2021年，潘楼村总面积4.26平方公里，辖1个自然村、3个村民小组，总人口2365人。人口结构有其自身的特点：非农业生产为主的劳动力占村中劳动力的70%以上；60岁以上老龄化人口占总人数的21.35%。潘楼村又是一个有31个姓氏的多姓氏的村庄。

潘楼村地属徐淮黄泛平原，地势低平，俗称“锅底洼”，往日称“蛤蟆撒泡尿，潘楼涝一涝”，是一个易涝的地区，每逢夏季暴雨常发生水灾。

潘楼村资源丰富，全村有农用地面积2600余亩；拥有林地面积350亩，各类树木50万棵左右。

潘楼村交通方便，紧靠206国道，公交199路等多路公交到达村口。

潘楼人杰地灵，民主革命时期，有刘光宗、侯晴銮、侯文岚、郭若水等人参加革命斗争；有侯永庚、张荣庆、郭士元、刘文彬、李正法、张振奎、孙学文等用

灌沟河　　李传新　摄

鲜血和生命献身革命事业。在社会主义建设事业中，一些杰出人才脱颖而出，有现任北京语言大学校长的刘利，有荣获江苏省“戈公振新闻奖”的张震峰、青年书法家金生栋、医疗领域教授级研究员王保钧等。在村经济与社会发展上，有坚持“为村尽责，为民操劳”的前村支书张振业，有带领潘楼村走向致富文明路的江苏省首批“百名示范”村书记张衍刚，有热心敬老服务、关爱留守儿童的江苏省“崇义友善”好青年吴远远等，也有众多潘楼村籍在各地、各行各业兢兢业业工作并做出重要贡献的各类人才。

二

村强民富，一直是潘楼几代人心中的梦想和追求，而今，已成现实。

新中国成立后，尤其是90年代以后，潘楼村围绕“率先达小康”的基本目标，勇当率先发展排头兵，锐意进取，特别是党的十八大以后，潘楼村紧紧围绕建设更高水平的小康社会的宏伟目标，大胆探索，大力推进农业和农村经济结

水稻丰收　李传新　摄

构调整，集体经济实力不断壮大，农民收入逐年提高。2021年，潘楼村农村经济总收入由1994年的614万元增到4.2亿元；农民人均纯收入由1994年的1460元增到3.6万元。潘楼村成为远近闻名的富裕村。

农业生产稳步增长。80年代以来，经过产业结构调整、农田水利设施的不

断完善和良种的引进、农业机械化的发展，全村粮食由50年代初期的亩产100斤左右发展到2021年的“吨粮田”。在稳定粮食生产的同时，2000年潘楼村支两委研究制定农业发展规划，大力发展高效设施农业、无公害绿色农业，建成无公害地认证1700亩。2021年，村中的皇冠梨、大棚蔬菜、大棚水果已成为农业品牌。同时，不断深化农村经营体制改革，进行土地流转，建立家庭农场、专业合作社，推动了现代农业的发展。与此同时，潘楼村拓宽农业发展空间，重点开发培育乡村旅游农业，潘楼村被推荐为最美徐州乡村出发自驾游景点，年接待游客万余人次。

工业经济走农村工业化道路，不断发展壮大。2008年以后，在村办企业进行改制的同时，潘楼村积极打造良好的投资环境，大力开展招商引资，走农村工业化道路、借助企业发展经济，到2021年，已有食品加工、木材加工、机械制造、电力设备等行业17家企业落户潘楼村，年产值完成1.92亿元。

工业的发展带动全村多家私营企业以及物流运输、电子商务、商店、餐饮、信息通信、车辆维修等行业的发展，解决了全村近500人就业问题，拉动全村经济快速发展，有力带动了村民致富。其中150户从事物流运输，潘楼村成为远近闻名的“运输专业村”。“昔日潘楼，楼无一间，草房连成片，处处是泥滩，工分二分三，辛辛苦苦干一天，买不到一包经济烟”的景象已成为历史的云烟！

三

生态文明建设与经济建设和谐发展。1998年以后，在富民强村基础上，潘楼村积极推进生态文明村建设，精心绘制符合潘楼实际的新农村建设蓝图，按照“生产发展、生活宽裕、乡风文明、村容整洁、管理民主”要求，村支两委不断加大生态文明建设力度，以改善人居环境、卫生环境、生态环境等为重点，推进村庄绿化、街院净化、环境美化、道路亮化工程建设。先后开展“百家生态村”“江苏省康居示范村”创建活动；开展“创建文明示范户、创建生态示范村”“乡风文明村容整洁”“江苏最美乡村”创建等一系列创建活动，大力营造人与自然和谐共处的生态家园。1998年，潘楼村村支两委统筹城乡发展，积极推进以旧村体、旧民居改造为主要内容的中心村建设。而后，585栋别墅式楼房拔地而起，使潘楼面貌发生了翻天覆地的变化。“昔日多是土草屋，今朝别墅新楼房”，村民的生活居住环境质量得到极大提升。在摩尔庄园小区，一幢幢粉墙黛瓦的小楼掩映在绿树丛林中，成为又一道亮丽的风景线。

基础设施不断完善。90年代末以后，潘楼村先后制定建设规划，实施道路、亮化、供水、排水、供电、电信网络等重大基础设施建设，以及学校、卫生室等社会服务设施建设。20多年间，铺设了5条主干道路、7条支路街道，纵横成网；修建7座水冲公厕，明亮卫生；全村网络数字有线电视安装率达98%，有线电视、程控电话安装率达87%，自来水入户率达100%，生活污水处理全部实现雨污分流。新建和改造的7处休闲广场、公园广场错落有致、景致各异，创造出舒适的人们室外生活的空间。潘楼逐步走上了农村城市化的道路。

90年代末以后的20多年间，潘楼村不断加强农村人居环境整治。多次实施村庄建筑物立面改造美化提升工程；多次对村内的9处河塘进行清淤和护坡；修建和改建的5处涵桥将村内河塘碧水联通，形成完整的水系。同时打造水岸亲水景观，成为独具水韵特色的景点。为做好生态环境保护工作，配置洒水车、流动垃圾车、车载流动垃圾箱、各类户外垃圾箱。村成立保洁队，配有公厕卫生员、绿化管理员、河塘管理员等，逐步形成完善环境卫生管理体系，极大地提升了农村卫生环境。

与此同时，潘楼村践行绿色发展理念，建立健全绿化体系，大力打造“绿色潘楼”。2008年以来，结合社会主义新农村建设，实施“三绿”工

设施大棚　　李传新　摄

程，对河旁、道路、庭院等进行大规模的绿化美化，先后在主干道路栽植银杏、桂花树等景观树及农田林网，四旁植树共30万余株，满目郁郁葱葱；栽植时令花草，300多个各类花坛布设在道路两边，散发着淡雅的清香；户户庭院绿树掩映，月季、紫薇、木槿、玉兰、美人蕉、石榴、桃树、杏树等观赏花木生机盎然。多次实施广场、公园等景观绿化工程，栽植乔木、灌木、花卉，铺设草坪，达到三季有花，四季常青，绿树成荫。潘楼绿化覆盖率已达42.1%。

是的，这里一切都在改变！多年的生态文明建设，潘楼营造出一个美丽的家园。“屋内现代化，院外脏乱差”“柴草乱放，鸡鸭乱跑，大风一刮塑料袋树上挂”的现象得到彻底改观，逐步成为一个环境优美、清洁卫生、宜居宜业、人心愉快、经济健康发展的文明村庄。有诗这样写道：“斗转星移沧桑变，迅雷开宇异从前。波澜水彩三千色，画展隆源十二湾。翠影有叠烟波荡，琼楼千栋栉比连。”“近观逍遥一水湾，远看银河落九天；春风秋韵总流连，夏阳冬雪景蹁跹；霞落水中清波荡，柳禧重雾总合烟。”这正是潘楼生态环境的真实写照。

四

精神文明建设与经济建设比翼双飞。潘楼人开创和延续了24年之久的“十星”级文明户评选，成为该村文明创建的实力品牌和特色。1998年，潘楼村党支部为进一步加强乡风文明建设，全面提升村民整体素质，促进社会经济健康发展，在全村开展“十星”（爱国星、守法星、敬老星、致富星、道德星、育才

潘楼新时代文明实践广场　李传新　摄

关爱　　潘楼村村委会　供图

“十颗星”
映人心

星、卫生星、新风星、计生星及和谐星）级文明户评选活动。随后，全村形成以创“星”为荣的良好氛围。而树立的50米长的“十星”级文明户展示墙是一道令人瞩目的靓丽风景线，展示墙上一个一个的“星”形成一片闪亮的星群，讲述着人们高尚的品德。这面大墙是一面镜子，也是一种力量，沉默而又坚定，鞭策着广大村民保持家庭荣誉和奋起追赶，影响着一代代潘楼人。“十星”级文明户评选为潘楼村精神文明建设增添浓墨重彩的一笔。在搞好“十星”级文明户评选的同时，潘楼村相继组织开展“潘楼好人”“好少年”“优秀志愿者”“五星党员”“好儿媳”等评选活动，展示本村“凡人善举”“草根楷模”，树立道德模范典型，引导群众崇德向善、见贤思齐，弘扬时代新风。

关爱老龄建设是潘楼村精神文明建设中的靓丽特色，在潘楼，老年人是最幸福的群体。2021年全村60岁以上人数达500多人，其中80岁以上有70多人。为传承敬老爱老助老的优良传统、做好农村老年人工作，让村内老年人有更好的生活，安享晚年，1998年老年人工作再次得到潘楼村支两委的高度重视，村支两委结合新农村建设积极探索新形势下的养老模式，结合村体改造，统筹规划建设“老年集中生活区”。潘楼村累计投入400余万元，在流水潺潺的玉带河南岸建成占地面积8000平方米、94套的老年生活区（老年公寓）。2021年，有94户、172位60岁以上老年人高兴入住其间。绿树成荫、整洁舒适的生活环境成为村里老人们安享晚年的乐园。同时，在老年生活区内设有老年服务中心，实行24小时值班制，为老人提供全方位的无偿服务。老人们的张张笑脸是潘楼人爱老敬老的最美诠释。

为做好老年人服务工作，2013年，村民自发成立“青年爱心志愿者服务

潘楼村开展迎新年群众趣味运动会

队”，50名固定志愿者每周深入老人家里进行义务服务，成为一支活力四射的爱的力量。

为做好老年人关爱工作，2012年，潘楼村自办敬老节，并延续不断。相继开展“家有一老，如有一宝”“孝满潘楼，情暖重阳”等一系列敬老活动。而今，潘楼村呈现出人人敬老助老，家家尊老爱老的良好风貌，形成了小家和睦、大家和谐的生动局面，也更扎实加快了文明和谐富裕潘楼的建设步伐。2021年12月，国家老龄委授予潘楼村“全国敬老文明号”荣誉称号。潘楼村入选“2021年全国示范性老年友好型社区”。

为做好老年人关爱工作，2014年潘楼村成立全区第一家村老年协会，成为老年人娱乐的集聚地。同时，开展各种丰富多彩的活动，使老年人老有所养、老有所学、老有所为、老有所乐。“琴棋书画寄雅兴……物我两忘自怡然。而今福寿百般有，不是神仙赛神仙。”潘楼一位退休教师有感而发的一首诗，让我们看到了潘楼村民那发自内心深处的幸福感。

潘楼村注重文化建设。进入21世纪后，潘楼村不断加大综合文化体育设施建设，先后建成老寿星文化广场、乐美文化广场、潘楼村中心舞台、科普画廊。建有图书室、文化礼堂；安装大型高清电子屏幕；建有篮球场、体育健身器材等公共体育设施。而建成的村史馆更是文化建设的亮点，起到了凝聚人心、振兴潘楼的重要作用。到2021年，全村建有“中华文明千年颂”“孝贤文化”主题街区；共建设大、小文化休闲广场9处，为村民文化生活增添了新的平台，营造出浓厚的文化氛围。每到晚上华灯初上，广场五彩缤纷，男女老幼在灯光下洋溢着喜悦的笑脸，或广场舞，或健身操……每逢春节、元旦、国庆等节庆日，村里常态化举办文体活动，内容丰富多彩。广场舞赛、元宵灯会、广场晚会、春节联欢会和农民运动会，乒乓球赛、象棋赛、扑克牌赛、拔河赛等各类群众文化活动层出不穷、丰富多彩，人民群众的精神文化生活得到满足，村民生活又添幸福色彩。

“新时代文明实践站”的建立，进一步推动了精神文明建设。2017年，潘楼村在全区率先建立“新时代文明实践站”，成为潘楼人民的文化教育中心，按照建设标准化、制度规范化、队伍多样化、方式灵活化、活动经常化、品牌特色化“六有”标准对其进行打造，整合各类资源形成“一个基地、三条街区、四支志愿服务小分队、六个实践广场、八个实践区”的文明实践格局，做到群众在哪里，文明实践就延伸到哪里。开设的道德文化讲堂，村民得到党史、国学、道德、法治、家风等教育；开设的“百姓名嘴”讲座，讲述新时代故事，弘扬新时代精神，让理论宣传活动更接地气、凝聚人心，打通了宣传群众、教育群众、关心群众、服务群众“最后一公里”。开办的农民技校，开展新知识、新技能培训，培养了一批懂技术、会经营，掌握一到两门致富技能的新型农民，增强广大群众致富本领。

潘楼村的精神文明建设，提高了村民的精神境界和村民文明意识，激发了村民致富创业热情；村风民风进一步淳化，村民的素质不断提高，潘楼文明和谐发展新形象不断提升。

“千帆竞渡我欲先，勇立潮头展英姿。”而今，潘楼正站在“十四五”开局的新起点上。社会主义新农村建设、乡村振兴是一项长期的历史性任务，全村上下将以习近平新时代中国特色社会主义思想为指导，继续开拓进取、奋勇拼搏，为潘楼全面建成经济社会蓬勃发展、乡村文明程度更高、人民富裕安居乐业、社会和谐安定的宜居宜业和美乡村，谱写出更多更美的精彩华章。

广场舞比赛　　潘楼村村委会　供图

潘楼村一角　　李传新　摄

村情概览

潘楼村位于徐州市铜山区（国家高新区）三堡街道南部，与安徽省宿州市埇桥区曹村镇接壤。潘楼村历史悠久。宋代时期，有安姓人家在灌沟河北侧建房居住，清雍正年间，始称“潘楼村”。民国初，潘楼村隶属铜山县棠梨乡。此后境域区划隶属多有变化。2013年9月，潘楼村隶属三堡街道办事处，后延续未变。2021年，潘楼村辖1个自然村，3个村民小组，总面积4.26平方公里，总人口2365人。90年代以后，村大力发展高效农业、设施农业；积极开展招商引资，走农村工业化道路，运输物流、电子商务等服务业有较快发展，经济实力不断壮大，各项社会事业不断进步，居民生活水平明显提高，先后获“全国敬老文明号”“全国示范性老年友好型社区”“铜山县乡镇企业纳税三十强村”“铜山县五有五好关工委”等称号。

历史沿革

建置沿革

潘楼村历史悠久。宋代时期，有安姓人家在灌沟河北侧建房居住，取名“安庄”。明朝正统年间，改称灌沟村。清雍正年间，灌沟村潘姓人家为护村瞭望，建两层楼一座。从此，人们称为“潘楼村”。民国初，废府存县，实行市、乡体制。潘楼村隶属铜山县棠梨乡。1929年，全县设十二个区，潘楼村隶属铜山县奎河区，1930年改隶第七区临河乡。1938年5月后，铜山境内建立多个抗日民主政权。1943年，潘楼村隶属萧铜办事处路东区临河乡。抗战胜利后，1946年10月国民党铜山县政府将全县设为八个区、55个乡，潘楼村隶属七区房上乡。1947年，实行小乡并大乡，潘楼村隶属七区徐村乡。1948年8月，潘楼村属萧宿铜县路东区徐村乡所辖。1949年6月，隶属萧县桃山区临河（潘楼）乡。

新中国成立后，1950年12月隶属徐州市郊区办事处棠张区潘楼乡。1954年3月，铜山县设区、乡制，潘楼村隶属汉王区四堡乡。1955年3月改隶属桥上区四堡乡。1957年9月，铜山县撤区并乡，潘楼村隶属三堡乡。1957年底，成立高级农业生产合作社，潘楼村编属新华社。1958年9月，铜山撤乡成立三堡人民公社。公社下置管理区，潘楼村划为第三管理区领导。1960年，撤销管理区，设潘楼生产大队，时潘楼大队辖潘楼、四堡、董山头、燕营、上楼、周庄、何庄、王庄、下楼9个自然村，25个生产队。1964年至1965年11月，公社进行村队调整，除潘楼自然村外，上述8个自然村从潘楼大队划出。至此，潘楼大队就剩有潘楼自然村。

1983年5月，撤销人民公社体制，恢复乡级政权建设，潘楼村隶属三堡乡人民政府，潘楼大队改为潘楼村村民委员会，下辖8个村民小组。1987年2月，三堡乡撤乡设镇，潘楼村隶属三堡镇。2001年12月，村民小组合并，潘楼村8个村民小组合并为3个村民小组。2013年9月，区划调整，三堡镇撤销，设立三堡街道办事处，潘楼村隶属三堡街道办事处。后延续未变。

区位面积

潘楼村位于徐州市南22公里，铜山区（国家高新区）三堡街道南部，206国道东侧，北与新何村接壤，东北与黄桥村相连，东与胜阳村毗邻，西与四堡村搭界，南以灌沟河为界与安徽省宿州市埇桥区曹村镇宋湖、左洼、元洼、孙庄等村隔河相望。潘楼村东西长约4.2公里，南北宽约1公里，总面积4.26平方公里。其中村建成区面积1.45平方公里，水域面积0.49平方公里。潘楼村交通方便，199路等多路公交到达村口。

自然环境

地形地貌

潘楼村地属徐淮黄泛平原、徐州至宿县地层小区，地势由西向东、由北向南微缓下倾，地势低平。海拔28米左右，是一个较为低洼的地区。

主要河流

流经潘楼村的河道有村南灌沟河、隆源河、村西藕河及坡河。

藕河，又名崔河，全长近10公里，境内2公里。坡河，又名蒲河，全长5公里，境内1公里。

灌沟（灌）河，境内长4公里。

隆源河，村内长2.2公里。

自然资源

土地资源　全村有农用地面积2600余亩，适用种植多种农作物。

林木资源　全村拥有林地面积350亩，各类树木50万棵左右。活立木积蓄量10万立方米。主要树种有意杨、柳树、桐树、槐树、椿树、梨树、桃树、杏树、柿树等。

水产资源　鱼类品种有青鱼、草鱼、鲢鱼、鲫鱼、鲤鱼等。水生植物类主要有浅水藕。

食用植物资源　粮食主要有小麦、水稻、玉米等；蔬菜主要有莴苣、卷心菜、黄花菜、四季苔韭等。

动物资源　主要有猪、鸡、鸭等。

气候物候

气候　村境气候属温带湿润和半湿润的季风气候，主要特征是气候温和，雨量充沛，光照充足，四季分明。春季以冷、干、多风天气为主；夏季天气炎热多雨；秋季凉爽，雨水减少，昼夜温差大；冬季少雨气候冰冻干冷。年平均气温14.3℃，年平均降雨量为868.9毫米；无霜期年平均216天；日照数多年平均值2409.1小时。

物候　潘楼物候带有鲜明季节特征：春

季万物发生，夏季万物扬茂，秋季万物收敛，冬季万物闭藏。按月份表现为：

1月，越冬小麦、蚕豆、韭菜等植物地下部分缓慢生长。野生动物部分蛰伏休眠。河流封冻。

2月，土壤表层夜冻日化。雨水前后，田间越冬小麦、蚕豆、蔬菜陆续返青，柳树发青，杨花吐穗。

3月，土壤解冻，野草发芽。惊蛰后，越冬作物普遍生长见旺。桃、梨等果树先后发芽。从春分起，柳树展叶，小麦拔节。冬眠虫大量苏醒。

4月，霜雪渐绝。月初，石榴、葡萄等先后萌发。清明节过后，桃、梨、苹果花盛开，棉花播种，麦子抽穗，瓜果普遍下种。月底，水稻开始育秧，鸟类开始孵化。

5月，月初，月季花开。中旬，枣树开花，樱桃上市，大蒜抽薹。下旬，黄杏、早桃上市，小麦灌浆，大麦、油菜收割，青蛙始鸣。

6月，芒种前后，小麦收割，栽稻，夏种作物下种，棉花现蕾，石榴花开。夏至到来，夏收夏种结束。

7月，杏、桃、李、瓜大量上市，家鸡产蛋进入淡季。

8月，立秋后，萝卜、白菜等冬贮蔬菜普遍下种。处暑过后，枣类成熟，秋桃、苹果相继成熟，葡萄采摘，玉米等先后收获，棉花开始吐絮，月末，蟋蟀始鸣。

9月，白露后，桂花盛开，棉花吐絮，石榴成熟。中旬起，梨成熟。秋分过后，大豆、水稻开始收获。月末，冬小麦、大蒜、油菜、越冬菠菜开始播种。

10月，月初，三麦、越冬蔬菜进入播种时期。霜降后，菊花开放，家禽换羽，畜类绒毛开始加厚。

11月，阔叶树叶大都落尽。小雪过后，鸟类渐稀，大白菜、萝卜开始收获。

12月，农作物进入越冬期，蜡梅花芽开始萌动。

自然灾害

潘楼村位于铜山区的最南部，地势低洼，俗称“锅底洼”，往年，每逢夏季暴雨，潘楼村周围常常是一片汪洋。有顺口溜：“七泉五湖水东流，灌沟河堤挡不住；灌了周庄淹潘楼，庄稼十年九不收。”因之，历史上自然灾害以水灾居多，少数年份灾害严重。同时，旱灾、冻灾等自然灾害也多有发生。

水灾

据不完全统计，新中国成立后，潘楼曾发生较大水灾10多次。

1954年6月12日夜至13日中午，连降大雨，潘楼一带平地水深1米。农田受淹严重。

1958年7月，安徽宿县等地客水经灌沟河入潘楼境内，潘楼村农田大多被淹没。

1963年5月13日和28日两次暴雨，潘楼一片汪洋。夏粮比上年减产近四成。

1982年7月21日夜，特大暴雨，潘楼道路与农田水深1米，受害严重。

1989年6月1日至2日，潘楼一带受暴雨袭击，后又连续十多天阴雨，麦子普遍发芽霉烂，粮食损失严重。

1990年8月10日，潘楼遭暴雨灾害，农田积水，鱼塘淹没，果蔬部分淹死。

1995年7月18日至22日，潘楼连降暴雨，并伴有7—10级大风，造成大面积秋季作物受灾。

1996年7月17日至18日，潘楼发生大暴雨，两天降雨量300多毫米，农田积水。

2003年6月22日，潘楼遇暴风雨，农田受渍严重。

2018年8月18日，潘楼村日夜连降暴雨，大部分秋季农作物减产。

旱灾

据不完全统计，20世纪七八十年代，潘楼村发生多次大旱。

1978年，潘楼一带干旱持续时间长，1月至6月底，降水很少，河流无水，三麦提前逼熟，黄豆、花生、棉花等作物因干旱大幅度减产。

1978年5月，天气持续干旱，潘楼境内河道干涸，近千亩小麦提前干熟，夏收粮食减产。

1981年，春旱、夏旱接秋旱，汛期无水，潘楼受灾面积1000多亩，失收面积500多亩，减产粮食10多万斤。

1982年5月，潘楼遭受干热风，部分田块小麦失收。

1985年6月至7月，铜山少雨。潘楼村受灾面积近千亩，粮食减产30%。

冻灾　雹灾

1953年4月12日，夜间普结冰霜，气温降至-1.2℃，潘楼、台上等村小麦受灾损失均在80%以上。

1969年2月6日，潘楼低温达-22.5℃，冻土层达30厘米，春作物受冻害严重。

1976年3月，超低温，小麦遭冻害。

1983年5月20日晨，潘楼遭到冰雹袭击，伴有暴风雨，部分田块小麦倒伏，刮断树木上千棵。

1984年5月19日下午2时许，三堡乡普降冰雹，潘楼村部分小麦、蔬菜等被砸烂。

1989年4月，潘楼受低温灾害，春季作物遭冻害。

姓氏人口

姓氏

潘楼村是一个多姓氏的自然村。2017年春统计显示，全村有姓氏33个，2021年统计显示，全村有姓氏31个，即潘、张、陈、郭、刘、魏、孙、秦、谢、金、王、赵、侯、李、高、沈、朱、周、杨、左、孟、唐、宋、黄、闫、亢、祁、尚、耿、蒋、慧。

其中有家谱流传的有2个家族。

附：潘楼村部分姓氏家训、族训

张氏家训

清河张氏，广居丁旺，黄帝赐姓，源远流长。仲景悬壶，张衡动天，祖匆官心，仍死国安。两铭世业，百忍家宣，习文练武，忠信知贤。桃园结义，禀性永灿，延续九龄，怡享天年。耕读为本，奇艺瑞祥，业大济世，务小工商。礼信仁义，嫉仇豪强，慎婚传嗣，家教有方。国家与民，关系互相，民忠国盛，国富民康。国泽黎民，民增国光，天经地义，效国理当。身为人子，必有爹娘，生子不易，养更非常。父母在世，孝顺敬让，不可凌辱，不可欺诓。兄弟之情，非同寻常，只因缘份，方逢世上。如身手足，根脉一纲，荣辱联结，祸福关相。人之祖先，原本同纲，繁衍生计，迁徙各方。以和为贵，仁厚谦让，缓急通义，庆吊礼往。生育子女，重在教养，启其愚顽，提高智商。立志成才，以仕栋梁，从幼抓起，不可疏旷。持家之道，勤俭二方，勤则生财，俭为备荒。食不求珍，腹饱口粮，衣不华贵，齐整大方。为人处世，需求名芳，忌人说短，怕指脊梁。非理之事，不为不想，不义之财，莫贪莫枉。寄语微薄，意义深长。

秦氏族训

治家之道，首在敦伦：孝亲敬长，兄弟相亲；夫敬妇爱，妯娌和睦；对待子女，首重教育。勿重资财而薄父母，勿听闲言而乖骨肉。人不勤则穷，书不读则愚。勤俭方能立业，惰奢则可败家。贫而无谄，富而无骄。兄弟叔侄，须多分润寡；长幼内外，宜法素词严。恶虽小必戒，善虽小必为。嫁女务择贤婿，娶妻必

幸福老人　　潘楼村村委会　供图

求淑女。读书志在明理，为官必须爱民。

处事宜恕，遇事宜慎。己所不欲，勿施于人。己欲立而立人，己欲达而达人。严以责己，宽以待人。太平天下福，仁让里中春。和睦亲邻，排难解忧。守望相辅助，疾病相扶持。勿恃势力而凌逼孤寡，勿施诡计而陷害他人。居家戒争讼，讼则终凶；交友宜信，谨慎选择，莫交恶人。说我好者未必是友，道我过者未必是敌。来说是非者，必是是非人。恶少不可友，老诚可交心。应以德为邻，勿以貌取人。富贵不忘贫贱，乘车不弃戴笠。唯我秦氏，堂号三贤。七十二子，有我四焉。至圣称我，好道乐善。历代祖先，忠孝两全。厥我后人，缅怀祖宗。恪守家训，勿损家声。

村民优秀家训

堂堂正正做人，踏踏实实做事，兢兢业业工作，勤勤恳恳治家。（村民　张衍刚）

付出，福报就多；感恩，顺利就多；助人，贵人就多；知足，快乐就多。（村民　郭雪峰）

子孝父严，母慈媳敬，兄友弟尊，父温夫爱，睦邻亲友，家道始兴。（村民　唐德顺）

父母恩德，同比昊天。人生百行，孝顺为先。（村民　张健）

诚实守信，感恩知足。（村民　吴远远）

人口规模

1950年，潘楼村有农户300余户、1080人。60年代中期后，潘楼村人口一直呈增长态势。1980年潘楼村有农户427户、1850人。1990年，全村563户、2279人。2011年，全村652户、2284人。2015年以后，人口一直保持在2300人左右。2021年，全村685户、2365人。

人口构成

性别构成　潘楼村男、女性别比例稳定，一直在正常值范围。1980年，潘楼村男性人口944人、女性906人，性别比为104.19（女性为100）。1990年，全村男1156人，女1123人，性别比为103.21。2011年，男1146人、女1138人，性别比为100.70。2021年，全村男性人口1196人，女性1169人，性别比为102.31。

劳动力构成　20世纪50年代至90年代初期，全村97%以上劳动力以农业生产为主。仅有少数村民从事编织、木器家具、“红炉”铁业生产。80年代中期以来，尤其是90年代以后，村劳动力构成发生重大变化。一些村民开始走进潘楼村办企业、民办企业工作或外出务工。至2021年，全村人口中，从事专业运输有400余人；从事餐饮、商品零售、美容美发、网络销售等服务业30余人；本地企业务工300人；外出务工210人；从事村政服务工作近20人。非农业生产为主的劳动力占村中劳动力的70%以上。

年龄构成　21世纪以后，由于生活水平的提高、医疗条件的改善，潘楼村的人口老龄化程度日益加快。2008年，全村总人口为2282人，其中60岁以上人口为410人，占总人口的17.9%。到2015年，总人口2289人，其中60岁以上为490人，占总人口的21.4%。到2021年，全村总人口2365人，其中，60岁以上为505人，占总人口的21.35%。80岁以上人数为78人，其中，女50人，男28人。90岁以上老人18人，最长者101岁。按照60岁以上的人口占总人口10%以上，或者65岁以上的人口比率超过总人口的7%的标准，以上数据意味着潘楼村人口进入严重老龄化。

1980—2021 部分年份潘楼村人口情况统计表

表 1

年份	总户数(户)	总人口(人)	其中	
			男	女
1980	427	1850	944	906
1985	477	1984	1037	947
1989	572	2213	1110	1103
1995	581	2153	1092	1061
2000	650	2279	1156	1123
2005	651	2246	1136	1110
2008	654	2282	1186	1096
2010	650	2289	1156	1123
2012	670	2281	1143	1138
2014	674	2293	1165	1128
2015	667	2289	1162	1127
2016	671	2304	1167	1137
2018	669	2343	1181	1162
2021	685	2365	1196	1169

2021 年潘楼村八十岁以上老人一览表

表 2

姓　名	性别	出生日期	姓　名	性别	出生日期
张文英	女	1926.02.18	杨光俊	男	1938.07.22
闫世美	女	1926.11.18	孙维芝	女	1938.11.19
程永兰	男	1928.08.04	李松兰	女	1938.11.27
张永见	男	1929.09.20	娄书华	女	1938.10.02
杨凤英	女	1931.08.20	侯西汉	男	1938.11.12
孟召文	男	1931.07.03	潘书侠	女	1939.02.05
高树岚	女	1931.10.27	梁凤英	女	1939.03.14
牛成英	女	1932.02.05	刘兴英	女	1939.04.27
亢文生	男	1933.02.03	陈廷治	男	1939.08.13
郭士文	男	1933.03.01	刘方英	女	1936.07.20
魏义德	男	1933.04.23	金广池	男	1939.12.27

续表2

姓　名	性别	出生日期	姓　名	性别	出生日期
秦庆升	男	1934.09.08	陈玉美	女	1939.12.03
侯西科	男	1934.04.15	董绪俭	女	1940.02.20
桑玉华	女	1933.12.21	金广兰	女	1940.02.20
宗淑英	女	1933.10.10	孟召英	女	1940.03.18
唐明安	男	1934.03.29	董举英	女	1940.05.04
金广州	男	1934.12.28	胡培英	女	1940.06.16
郭贤文	男	1932.02.27	孙建侠	女	1940.07.20
魏义同	男	1933.11.12	胡文英	女	1940.08.06
张书兰	女	1933.07.20	张新理	男	1940.08.01
贺洪英	女	1931.06.02	郭士超	男	1940.12.05
丁赵英	女	1935.11.07	王世侠	女	1940.10.20
张振美	女	1935.07.02	王纪云	女	1941.02.10
刘文廷	男	1935.09.19	祁井玉	女	1941.02.24
桂书英	女	1936.06.08	曾书英	女	1941.03.01
郭士礼	男	1936.08.25	张永公	女	1939.04.08
付金英	女	1936.09.06	李庆龙	男	1938.07.13
张荣义	男	1936.11.11	王素侠	女	1941.06.02
徐钦英	女	1936.12.03	郭士忠	男	1941.07.15
田翠兰	女	1937.04.14	刘素芹	女	1941.09.10
周德侠	女	1937.06.08	程桂珍	女	1942.03.14
朱兆美	女	1937.06.15	孟淑侠	女	1942.04.19
孙玉兰	女	1937.07.13	周脉英	女	1942.08.05
秦庆荣	女	1937.08.15	苏爱英	女	1942.08.10
杜长兰	女	1937.10.19	侯西清	男	1942.07.05
王计文	男	1938.04.22	黄兰英	女	1942.09.14
秦庆桃	男	1938.04.29	张经成	男	1942.10.13
张瑞英	女	1938.05.08	张玉英	女	1942.09.12
张翠兰	女	1938.06.25	侯西学	男	1942.10.02

经济发展

经济实力

90年代以后，潘楼村大力发展乡村企业，经济开始崛起。1998年，全村农村经济总收入由1994年的614万元增到3373万元。是年，潘楼村被铜山县委、县政府评为“发展企业先进村”“乡镇企业纳税三十强村”。此后，潘楼村不断深化农村改革，推进产业结构调整，大力发展优质高效农业，大力开展招商引资发展工业，同时发展运输物流业，潘楼农村经济快速发展，农村经济总收入和村集体收入总体呈不断增长态势。2010年农村经济总收入突破亿元，达1.2亿元，村集体收入增至86万元。2018年农村经济总收入过3亿元，村集体收入高达696万元。2021年农村经济总收入达4.2亿元，村集体收入239万元。

小麦丰收　　李传新　摄

1994—2021 部分年份潘楼村农村经济总收入、村集体收入统计表

表 3　　　　　　　　　　　　　　　　　　　　　　单位：万元

年份	农村经济总收入	村集体收入	年份	农村经济总收入	村集体收入
1994	614	51	2014	19000	112
1998	3373	49	2015	23000	156
2003	4230	53	2016	26000	214
2004	4268	54	2017	29000	393
2006	9000	75	2018	34000	696
2010	12000	86	2019	37000	471
2012	14000	98	2020	39000	398
2013	17000	103	2021	42000	239

农业

历史上，潘楼村是旱谷杂粮作物种植区，粮食作物以小麦、玉米、大豆、高粱等为主，另有大麦、豌豆、绿豆、山芋等，产量低而不稳。50年代初期，粮食亩产在50公斤左右徘徊。70年代初期，进行粮食作物结构调整，实施“旱田改水田”，压缩玉米种植面积，扩大水稻种植面积，全村粮食作物逐步改为稻麦两熟为主。70年代，潘楼大队水稻种植面积800余亩。1978年，粮食总产1150吨，1983年实行土地承包责任制后，粮食产量大幅度增长，1985年，粮食总产增到1668吨。1998—2016年，随着农田水利设施的不断完善和良种的引进、农业机械化的发展，全村年粮食产量基本稳定在1830—1900吨；2017—2020年稳定在2000吨以上。2021年粮食产量3026吨。

1999年以来，潘楼村在稳定粮食生产的同时，不断加大产业结构调整力度，大力发展高效农业、设施农业、无公害绿色农业。2000年，潘楼村支两委研究制定农业发展规划，提出把生态林、优质果、设施蔬菜等作为主导产业；构建新型农业生态体系，使农业产品达到规范化、精品化标准。至2010年，设施农业陆续建起日光能温室、钢结构大棚20多栋，连片种植反季节设施蔬菜。蔬菜播种面积超过800亩，年产卷心菜、黄瓜、茄子、金针菇、黄花菜、四季苔韭、大白菜等蔬菜总产量1681吨，被列入铜山县蔬菜种植基地。林果业引进黄冠梨，时栽植面积250亩；水蜜桃近200亩；引进巨峰、夏黑葡萄，种植面积50亩。扩大食用菌种植面积30亩。同时，加快无公害、绿色、有机农产品生产基地建设，提高农产品质量，使农业产品达到规范化、精品化标准。2010年，建成无公害地认证1700亩。此后，不断深化农村经济体制改革，按照“依法、自愿、有偿”的原则流转土地近千亩，全村基本做到连片种植，推动了现代农业的发展。2016年，潘楼村推进新型农业经济合作组织建设，成立徐州市忘忧果蔬专业合作社，组织参社成员从事果蔬种植、销售，提供相关技术咨询服务，形成多元化、多层次、多形式的服务体系，持续推进农业产业结构调整，全村种植黄冠梨350亩，年产80余吨；优质蔬菜播种面积851亩，总产量1743吨；养殖业也同步发展，2016年，家禽饲养量1.3万羽、鱼产量23吨。

2017年以后，潘楼村拓宽农业发展空间，重点开发培育乡村旅游农业，以“徐州民俗文化”为基调，规划忘忧草特色乡村建设项目，当年种植忘忧草近200亩。同时，潘楼村精心打造以“水”为主题，并围绕“半亩塘”等湖塘，成立集餐饮、垂钓、休闲于一体的半亩塘酒店；建设集民宿、饭店、特色小吃、商店超市的街区；打造半亩塘、半月亭广场、法治广场、村史馆、中心文化广场、绿园、好人园等景点。“江苏最美乡村”——潘楼村被推荐为最美徐州乡村出发自驾游景点。年接待游客万余人次。为推动农业产业化发展，2019年建立屹苏家庭农场、食用菌种植基地。至2021年，经过产业调整，形成村东梨、村南菜的新格局。全村皇冠梨种植面积300亩、设施葡萄种植面积100亩；设施大棚有30个，蔬菜播种面积近900亩，产量1790吨；食用菌种植面积约40亩，年产各类食用菌6万多公斤。共有养殖、种植大户25户。村中的皇冠梨、大棚蔬菜、大棚水果已成为农业品牌。

农家葡萄园　　仇彬　摄

皇冠梨园　　潘楼村村委会　供图

徐州市高新技术产业开发区屹苏家庭农场 位于潘楼村内，2019年9月，由金小靖返乡创办，在村支两委的支持下，承包流转土地40亩。至2020年，建有3000余平方米拌料场地，24个自动化保温大棚，配有大型环保型高温高压蒸汽锅炉，自动化拌料机1台，自动化装袋机4台，食用菌棒专属运输带15节，铲车，货车等。屹苏家庭农场主要种植平菇、香菇、羊肚菌等食用菌品类。年销售额达500多万元。同时，与大学导师合作开展一系列菌种研发，选育优良菌种、优化出菇管理。屹苏家庭农场带动菌菇种植、商贸零售业、食品加工制造业等上下游产业协同发展，促进产业转型升级。

食用菌生产　　李传新　摄

农业生产

激活农村经济的发展之美

1980—2021 部分年份潘楼村粮食总产统计表

表 4

年份	粮食总产(吨)	年份	粮食总产(吨)	年份	粮食总产(吨)
1980	1152	2001	1832	2016	1968
1985	1668	2004	1883	2017	2145
1988	1628	2006	1939	2018	2016
1991	1961	2008	1862	2019	2348
1992	1414	2010	1752	2020	2770
1994	1750	2012	1823	2021	3026
1996	1785	2014	1843		
1998	1874	2015	1888		

1998—2021 部分年份潘楼村农业生产情况统计表

表 5

年份	蔬菜总产量(吨)	水产品(鱼)产量(吨)	家禽饲养量(羽)	年份	蔬菜总产量(吨)	水产品(鱼)产量(吨)	家禽饲养量(羽)
1998	1550	—	—	2014	1810	14	9000
2004	2000	15	—	2015	1654	18	12000
2005	1808	18	—	2016	1743	23	13000
2006	1706	21	—	2017	1763	21	11000
2007	1758	26	—	2018	1694	26	7600
2008	1746	24	—	2019	1781	19	8300
2010	1681	19	—	2020	1634	21	6500
2012	1713	20	6400	2021	1790	28	8100
2013	1742	16	7900				

1994—2021 部分年份潘楼村农业总产值统计表

表 6　　单位：万元

年份	农业总产值	年份	农业总产值	年份	农业总产值
1994	250	2014	2940	2018	7584
2010	2100	2015	4383	2019	7851
2012	2430	2016	6742	2020	8125
2013	2640	2017	7165	2021	8821

工业

1968年，潘楼村通电，随后，潘楼大队先后建立铁木业社、砖瓦厂，村工业开始起步。1984年6月，铜山县出台《关于放宽农村经济政策的若干规定》后，潘楼村村办、个体企业快速发展。1987年至1988年，先后建有潘楼村造纸厂、潘楼村手套厂、潘楼村灯泡厂、铜山区佳家家具厂等多家企业。到1993年，年产值1340万元，其中潘楼村造纸厂1300万元。1996年潘楼村造纸厂产值4800万元。90年代后期，私营企业、个体企业逐渐发展壮大，2000年至2003年，先后成立有铜山隆源造纸有限责任公司、木材加工厂、家具厂、除尘袋加工厂、塑料加工厂等8家民营企业。至2003年底，村内企业达14家，年产值近亿元。2007年，年产值超亿元，其中铜山隆源造纸有限责任公司8000余万元（2008年公司因环保政策性关闭）。为借助企业发展经济，潘楼村积极打造良好的投资环境，大力开展招商引资，走农村工业化道路。至2014年，相继有徐州九益科技有限公司、江苏奥华玉米科技有限公司、徐州恺宸新型墙材厂、江苏唐基建材科技集团、徐州市东方电力设备厂、徐州隆邦远工程机械有限公司、徐州市圣宝车辆制造有限公司、徐州美耀木业旋切分公司等企业落户潘楼。此后，江西六和化工实业有限公司转落潘楼。2015年全村工业产值1.2亿元。2016年后，又有英美尔（徐州）生物科技有限公司、江苏汉东机械有限公司、徐州市中青标牌有限公司、徐州久泰工程机械有限公司、徐州新品源有限公司、徐州钱前建材有限公司、徐州树本家具有限公司等9家企业落户潘楼。到2021年，已有食品加工企业、木材加工企业、机械制造企业、电力设备企业等17家企业落户潘楼村，年产值达1.9亿元。公司的发展带动了运输业，以及商店、饭店、车辆维修、配载等服务业的发展。

企业选介

江苏唐基新材料科技有限公司　公司位于境内汇合路，成立于2009年。公司主要经营建筑工业化领域内新技术研发、咨询、推广、服务，页岩烧结砖、煤矸石烧结砖、烧结保温砌块、免拆保温模板、商品混凝土、水泥预制构件制造、销售，建筑工程施工，建筑材料销售。经营范围包含：煤矸石烧结砖生产、销售，污泥干化压块、销售。2021年产值1100万元。

江苏汉东机械有限公司　江苏汉东机

上图：潘楼村原造纸厂办公楼　　潘楼村村委会　供图
下图：潘楼村原造纸厂生产车间　　潘楼村村委会　供图

江苏汉东机械有限公司产品检验　　李传新　摄

徐州隆邦远工程机械有限公司车间　　潘楼村村委会　供图

械有限公司位于潘楼村东，于2017年成立，是徐工塔机、徐工重型、徐工铲运、徐工铁装配套企业，主要从事徐工金属结构件的下料、焊接、喷砂、喷漆，及整机（车）涂装业务。公司占地约17000平方米，其中厂房15000平方米，办公和研发中心1000平方米。年产值7900万元。

英美尔（徐州）生物科技有限公司　公司位于铜山区三堡街道办事处潘楼村，2016年9月成立，是一家集饲料研发、生产、销售于一体的饲料企业。拥有2条生产线、1座研发中心，员工30人。2021年产值1050万元，实现利润总额143万元，纳税总额7.9万元。

徐州隆邦远工程机械有限公司　公司位于潘楼村村委会附近，2010年4月成立，2021年，企业员工26人，主要生产，轨道中心直径200毫米—5000毫米多种规格的回转支承。年生产500套左右，2021年产值1300万元，年纳税12万元。公司成立后，相继荣获徐州市创新型企业、守合同重信用企业、机械工业先进集体、经济发展优秀企业等荣誉称号。

徐州久泰工程机械有限公司　公司成立于2019年，位于潘楼村，是一家以从事专用设备制造业为主的企业，年产各种结构件近3000吨。有工人50人。2021年实现产值2000万元，纳税近20万元。

徐州钱前建材有限公司　公司成立于2017年7月，位于潘楼村，是一家生产销售混凝土的企业。2021年，年产值1133.77万元，纳税总额40.05万元。

徐州九益科技有限公司　公司位于潘楼村，2006年成立，注册资金1000万元，是一家专业从事仪器仪表、机械设备的研发、设计、制造的民营科技创新企业。2021年产值1500万元。

徐州方大建材机械厂　该厂位于潘楼村，是一家从事专用设备制造业为主的企业。主要产品为水泥机械破碎设备。2021年，产值1300万元。

徐州天龙电极厂　徐州天龙电极厂成立于2005年6月。主要从事石墨电极、硅微粉、石英砂、编织袋、五金加工和销售。主要产品为石墨电极棒，年生产能力500吨，2021年产值550万元，年纳税5万元。

江苏奥华玉米淀粉有限公司　2007年落户潘楼，总投资3650万元，占地面积50亩，有淀粉流水生产线设备一套。主要经营食用玉米淀粉生产及副产品深加工、销售，生产能力为年产玉米淀粉4.7万吨。2008年产值8500万元。2021年，由于多方面原因，年产值110万元。

铜山隆源造纸有限责任公司　前身为潘楼村造纸厂，2000年改制为民营企业，更名为“铜山隆源造纸有限责任公司”。厂区占地60亩。主要产品为中强瓦楞纸，年生产能力3万吨。2000年后，先后投资4000万元进行自动化技术改造，2007年产值达亿元，安排村民就业600余人。2008年，政策性关闭。曾被评为国家4A级企业、江苏省质量信得过单位、徐州市优秀企业。

1994—2021部分年份潘楼村工业总产值统计表

表7　　单位：万元

年份	工业总产值	年份	工业总产值	年份	工业总产值
1994	490	2014	8243	2019	19000
1998	2167	2015	12000	2020	18000
2010	7480	2016	15000	2021	19200
2012	7414	2017	17000		
2013	7343	2018	18000		

英美尔（徐州）生物科技有限公司　　李传新　摄

物流车辆　　潘楼村村委会　供图

运输物流

潘楼村运输业较为发达。80年代末，部分村民开始购置运输车辆，为潘楼村造纸厂运输原材料和产品。随着村造纸厂生产规模的扩大，以及村内工业企业的不断增多，村支两委将做大做强运输业作为经济发展的重要目标。为激发运输业发展活力，潘楼村通过帮助村民协调购车贷款、出面联系货源等办法，引导和支持群众搞运输。运输车辆不断增多，运输业蓬勃发展。到2010年，潘楼村运输户达200家，大小货运车辆发展到360多辆。同时，一些运输户开始利用互联网“货拉拉”“运满满”等业务平台自由接单发展运输物流。潘楼村成为远近闻名的“运输专业村”。为做好服务工作，村专门建了停车场，打造驾驶员驿站；成立货车共享平台，进一步促进了运输业的发展。2016年有大小货运车辆400辆。至2021年，潘楼村运输户150户，年收入4000余万元，户均年收入20多万元。全村运输物流业从业人员300余人。此外，2003年，村民魏强、刘文志先后购置了中巴车，开展短途客运业务。

电子商务

电子商务是潘楼村的新兴产业。2010年，潘楼村个别村民开始在网上进行农产品销售交易。为引导村民网络创业，加快电商发展，2015年潘楼村建立电子商务服务发展办公室，开办网络培训班，组织村内高中以上学历的人员学习网络技术，指导开展各类经营活动。至2021年，共完成培训20余期、300余人次。2021年底，全村有30户（家）开展电商经营业务，通过电子商务平台交易额500万元。经营种类涉及当地的设施蔬菜、黄冠梨、蘑菇、金针菇等农产品，以及当地的土特产品等。电子商务已成为村民致富的重要渠道。

社会事业

教育

学前教育 1958年，三堡人民公社成立，每个生产队办幼儿园。1970年，改称育红班，潘楼村办1个班，儿童30余人。1976年后，复名潘楼村幼儿园。1980年村幼儿园办学前班，1名教师，入学儿童40余名。1986年，开办3个班，4名教师，入园儿童100余人，幼儿入园率达95%。1995年12月，潘楼村幼儿园被评为"铜山县示范园"，幼儿入园率达98%以上。2003年，潘楼幼儿园因场地问题停办。2006年，村民开办潘楼村第一所民办幼儿园。2008年，村民开办第二所民办幼儿园。本村3—6岁儿童能及时入学。后因儿童减少、生源不足停办。2021年，全村有幼儿园1所，入园儿童231人，幼儿入园率达100%。

小学教育 1912年，地方绅士创办灌沟小学。1949年10月，灌沟小学更名为潘楼小学，方圆数十里学子就读于此。1986年，投资10万余元将校舍进行翻修，更换门窗，屋面换成瓦顶，办学条件有很大改善。1995年，潘楼小学迁址重建。新校址占地18亩，楼房上下3层12间教室，建筑面积1200平方米。设有微机室、教具室、图书阅览室、体育器材等教学辅助设施。建有篮球、排球场，以及较为标准的300米环形跑道，备有各种不同功能的体育器材。总投资200万余元。2000年7月，潘楼小学被铜山县人民政府授予"优秀小学"荣誉称号。后因生源不足，2003年8月，在全县学校布局调整中，潘楼小学合并到周庄小学。

卫生

1968年，潘楼村开始建卫生室，2间草房，面积约20平方米，有2名赤脚医生，设备仅有温度计、血压计、听诊器、小剪刀之类的器械；药品数量少，不齐全，不能满足群众防治疾病的需求。1999年，新建潘楼村卫生室。村筹措资金30多万元，建两层楼房，计20余间，近500平方米，建院墙、铺道路、建花坛、植花木。2000年又投资近20万元添置内部设施，达到了各室齐全。卫生室设备完

潘楼村幼儿园（民办）　李传新　摄

体育设施　李传新　摄

图书室　　李传新　摄

村史馆　　李传新　摄

潘楼村史馆

善，配有B超机、拍片设备、血常规检测仪器等医疗设备。潘楼村卫生室被列为三堡镇卫生院附属医院，医生由镇医院调配，医疗服务水平明显提高，基本解决了潘楼村百姓就医难的后顾之忧。2007年潘楼卫生室被评为“江苏省示范卫生室”。2017年，迁址新建潘楼社区卫生服务站，面积200余平方米。2021年，潘楼村服务站配有卫技人员3人。具体负责村民简单疾病防治，以及妇幼保健、健康教育、卫生知识宣普、健康状况建档等村级公共卫生和基本医疗服务。

文化体育

潘楼村注重文化阵地建设，1966年，建一约100平方米戏台，成为潘楼大队文化活动中心。70年代，建有简易篮球场。进入21世纪后，潘楼村不断加大文化体育设施建设。2000年，村建面积60平方米图书室两间，藏书2000余册。2017年，图书室重建，面积100余平方米，藏书1万余册。同时加大综合文化体育活动设施建设。2002年至2012年，投资60万元建成近1000平方米的潘楼村中心舞台。投资200万元建设集文化、休闲、娱乐为一体的乐美文化广场，以及棋牌室、文体室、心理室、保健室、书画室、多功能娱乐厅等。其间，又建成翠薇园文化广场。2015年，村投资10多万元安装大型高清电子屏幕，播放新闻、影视等节目，进一步增添了文化氛围。2018年，建成300多平方米的村史馆。同时进行体育活动设施建设，建有标准篮球场和乒乓球室；村内设置全民健身路径4条；全村10处广场配有公共健身器材漫步机、椭圆机、健骑机、人扭腰器、云梯等100余件。

潘楼村史馆　为留住乡愁，反映潘楼历史变迁、传承潘楼精神，2017年12月潘楼村党总支研究决定筹建潘楼村史馆。2018年，300多平方米的村史馆建成。村史馆布展共分12个部分，依次为：回忆过去、共产党是领路人、历史沿革、精神文明、本村荣誉、时光隧道、历届村支两委成员、育人园丁、族谱人物略传、缅怀烈士、物件陈列、村容村貌图。建成的村史馆内的每段文字、每件物品、每张照片，都讲述着潘楼村砥砺奋进的发展历程，见证了村庄翻天覆地的变化，起到了凝聚人心、振兴潘楼的重要作用。

心
记

村内休闲广场　　潘楼村村委会　供图

社会保障

农村新型合作医疗保险

2004年开始，潘楼村开始推行农村新型合作医疗保险，2005年参保人数2078人。2009年后，全村居民应保尽保，参保率均达100%。2021年参保人数1837人，参保率100%。

农村社会养老保险

90年代中期，潘楼村开始推行农村社会养老保险。2005年参保人数200人，2008年参保人数240人。2010年后，推行新型农村社会养老保险，参保人数逐年增长。2015年由2010年的252人增到1496人，2021年，全村基本养老保险参保人数1713人。

农村最低生活保障

2005年，潘楼村开始实行农村居民最低生活保障制度。

2006年，有27人纳入低保。随着社会生活水平的提高，低保人员逐年减少。到2017年减少到5人。2021年仅有1人纳入低保。

意外伤害险　2016年起，全村60岁以上的老人全部免费办理意外伤害险。

养老关爱服务

老年公寓　进入21世纪，楼潘村为了让村内老人有更好的生活，安享晚年，将“老年集中居住区”建设纳入规划。2007年，村建成第一期老年公寓，2012年，完成老年公寓的二期工程。两个老年生活居住区，占地面积8000平方米。累计投入400多万元。2021年，共入住老人94户、入住60岁以上老人172人。居住区设有面积300平方米的老年服务中心，安装护理、传呼、报警应急呼叫系统，实行24小时值班制。“老年关爱之家”设有棋牌室、图书阅览室、心理室、保健室、多功能活动室等设施，为老人提供全方位的无偿服务。

关爱服务　为做好老年人关爱工作，2012年，潘楼村自办敬老节，开展“家有一

重阳节为90岁以上老人集体过寿　　潘楼村村委会　供图

老，如有一宝”等一系列敬老活动。到2021年，敬老节已连续举办10届。在2021年潘楼村开展的敬老节活动中，邀请全村500名60岁以上老人在村中心广场欢聚一堂，参加“孝满潘楼，情暖重阳”公益联欢活动。请老人们看演出，为90岁以上的老人集体过大寿，吃寿桃。

为做好老年人服务工作，村民自发成立“爱心志愿服务队”，有固定志愿者50名，注册志愿者100多名。服务队员每周深入老人家里进行义务服务，帮老年人打扫卫生，给他们测量血压等。2018年起，每年敬老节均为90岁及以上老人发放“老年长寿金”500元。2021年10月19日潘楼村入选“2021年全国示范性老年友好型社区”。

此外，为推动养老事业的发展，做好老龄工作，2014年4月成立“潘楼村老龄协会”。协会配有咨询室、办公室、棋牌室、麻将桌、乒乓球台、图书室、书法桌、电视和健身器材等，成为村里老年人娱乐的地方和集聚地。2015年被徐州市老龄委授予“先进老龄协会”称号。

2005—2021 部分年份潘楼村农村医疗保险及养老保险情况一览表

表 8　　　　单位：人

年份	新型医疗保险参保人数	农村基本养老保险参保人数	享受最低生活保障人数	年份	新型医疗保险参保人数	农村基本养老保险参保人数	享受最低生活保障人数
2005	2078	200	24	2015	1807	1496	7
2006	2100	200	27	2016	1807	1527	7
2008	2054	240	19	2017	1831	1542	5
2010	1939	252	19	2018	1831	1610	5
2011	1843	239	15	2019	1831	1643	3
2012	1825	286	15	2020	1837	1689	3
2013	1817	305	11	2021	1837	1713	1
2014	1807	389	11				

居民生活

和美潘楼

90年代以后，潘楼人民生活伴随村集体经济的不断壮大，发生了由温饱到小康，再初步到富裕的巨大变化。

村民人均纯收入　逐年增长。1994年，人均纯收入仅1460元；2012年突破万元，人均纯收入达1.24万元；2021年人均纯收入增加到3.6万元，高出全区农村居民人均纯收入6100多元。

生活质量发生根本变化。住房水平逐年提高，瓦房逐步变楼房。2021年，人均住房面积由2010年的44平方米增到60平方米，且85%为别墅式楼房。

主要耐用物品拥有情况发生质和量的变化。至2021年，全村拥有小汽车210辆、助力车及三轮电动车687台、洗衣机690台、电冰箱（柜）690台、彩色电视机780台、空调500台、热水器235台、手机2000部、电脑470台。

此外，全村生活用燃气（瓶）普及率100%，自来水普及率100%，有线电视的入户率达90%以上，全村固定电话安装110部，互联网络宽带入户率90%，且安装网络电视。

1994—2021 部分年份潘楼村人均纯收入情况一览表

表 9

年份	人均纯收入（元）	年份	人均纯收入（元）	年份	人均纯收入（元）
1994	1460	2012	12352	2018	30000
1998	3961	2013	14356	2019	32000
2003	4500	2014	15790	2020	34000
2004	4700	2015	18600	2021	36000
2006	5980	2016	21020		
2010	11515	2017	23400		

BOY
smile

幸福儿童　李传新　摄

组织机构

加强组织建设的管理之美

部署工作擘画未来

中共潘楼村党支部、总支委员会

新中国成立后，成立潘楼（潘楼乡）党支部。1958年9月撤乡成立三堡人民公社。1959年5月成立三堡公社第三管理区潘楼党支部。1960年，撤销管理区，设潘楼生产大队，成立潘楼大队党总支。随着所辖生产队相继划出，1967年大队党总支改为大队党支部。1983年5月，撤销大队体制，潘楼大队党支部改为潘楼村党支部。2008年3月，潘楼村党支部升格为潘楼村党总支，下设4个党支部。2021年，潘楼村党总支下设4个党支部；有中共党员81名。

潘楼村（大队）村民委员会

1960年，成立潘楼生产大队，大队设治保主任、大队会计，以及共青团、妇联、计生等组织机构。1983年5月，撤销人民公社体制，同年民主选举产生第一届潘楼村村民委员会。至2021年1月，已进行十一届村委会换届选举。村委会下设5个工作委员会，即人民调解工作委员会、治安保卫工作委员会、文教卫生工作委员会、生产建设工作委员会、社会保障工作委员会。下设的村民小组，小组长均由各组村民代表选举产生。

此外，为加强民主管理，设置由村民代表参加的三公开民主理财工作小组、两委班子民主评议工作小组、创三安综合治理工作小组、村容村貌及精神文明建设工作小组，体现基层群众性自治组织的民主选举、民主决策和民主管理职能。

村委会的基本职能和任务

办理本村的公共事务和公益事业，调解民间纠纷，维护社会治安，向人民政府反映村民的意见、要求和建议。

支持和组织村民依法发展各种形式的合作经济和其他经济，承担本村生产服务和协调工作，促进农村生产建设和社会主义市场经济的发展。

尊重集体经济组织依法独立进行经济活动的自主权，维护以家庭承包经营为基础，统分结合的双层经营体制，保障集体经济组织和村民、承包经营户、联户或者合伙的合法的财产权和其他合法的权利和利益。

按照法律规定，管理本村属于村民集体所有的土地和其他财产，教育村民合理利用自然资源，保护和改善生态环境。

宣传宪法、法律、法规和国家的政策，教育和推动村民行使合法权利和利益，发展文化教育，普及科技知识，促进村和村之间的团结、互助，开展多种性的社会主义精神文明建设活动，互相尊重、互相帮助。

中共潘楼村党支部、党总支委员会历任主要负责人一览表

表 10

单位名称	职　务	姓　名	任职时间	备　注
潘楼（潘楼乡）党支部	支部书记	祁洪安	1949.10—1957.10	第三管理区
	支部书记	张振业	1957.10—1959.5	
潘楼村党支部	支部书记	胡新民	1959.6—1961.12	
潘楼大队党总支	总支书记	张振业	1962.1—1972	
潘楼大队党支部	支部书记	张振业	1967—1972	
	支部书记	金广志	1973—1982	
	支部副书记	张茂盛	1982—1984.10	主持工作
潘楼村党支部	支部书记	郭贤明	1984.10—1997.1	
	支部书记	张衍刚	1997.1—2008.3	
潘楼村党总支	总支书记	张衍刚	2008.3—	

潘楼生产大队、潘楼村村民委员会历任主要负责人一览表

表 11

单位名称	职　务	姓　名	任职时间	备　注
潘楼生产大队	大队长	郭继美	1960	
	大队长	秦庆云	1960	
	大队长	郭柱贤	1961—1963	
	大队长	金广志	1963—1982	1966—1976 年为村革委会
	主　任	金广志		
潘楼村村民委员会	村委会主任	郭贤明	1983.5—1987.11	第一届
	村委会主任	周脉营	1994.3—1998.8	第二届
	村委会主任	张衍刚	1998.9—2002.3	第三届
	村委会主任	周脉营	1998.9—2002.3	第四届
	村委会主任	张衍刚	2002.4—2010.12	第五、六、七届
	村委会主任	谢春强	2010.12—2021.1	第八、九、十届
	村委会主任	张衍刚	2021.1—	第十一届

2 乡村建设

90年代以后，潘楼村在发展经济基础上，着力改善人居环境，进行农房改造。推行新型农居建设，新建两层别墅585栋，完成8000平方米的老年公寓建设。加大道路以及道路亮化、供水、排水、污水处理等基础设施建设。自来水普及率100%，污水处理率99%。加大村综合办公楼、村卫生室、村小学等公房及公共建筑建设。积极推进生态文明村建设，相继开展“三清三创”“百家生态村”创建活动，以及“村容管理规范达标”“清洁城乡·美化家园”等创建活动。以改善人居环境、卫生环境、生态环境等为重点，持续实施“三绿”工程，大力推进村庄绿化、道路绿化、庭院绿化、环境美化建设。潘楼村相继获“江苏省生态村”“江苏省三星级康居乡村”“江苏最美乡村”“徐州市村容村貌管理先进村”“徐州市首届最具魅力十佳乡村”“徐州市社会主义新农村建设十佳示范村”“徐州市‘三清三创’先进示范村”“徐州市生态村”等称号。

.新型农居　李传新　摄

鸟瞰潘楼

道路建设

70年代前，村内道路为泥土路。村民顺口溜称“雨天一脚泥，晴天灰尘飞”。80年代以后，改铺小石子路，雨雪天对村民出行的影响大大降低。为改变村内交通条件，更好适应经济发展需要，1998年7月，潘楼村第一条水泥路主干道启星路开工建设。至2021年，村境内共有主干道路5条，总长4300米。全为沥青砼路面。

启星路　宽8米，境内长600米。1998建设。

永安路　宽14米，境内长1500米。1998年建设。

裕民路　宽6米，境内长700米。1999年建设。

鑫兴路　宽8米，境内长600米。2000年建设。

玉带路（玉河路）　宽5米，境内长900米。2005年建设。

此外，村内还有龙汪街、灌沟街、永兴路等7条联通主干道的街道，均为水泥路面。主干道和支路街道相互联系、相互交织，构成了全村便捷的交通网络。

2021年潘楼村主要桥梁情况一览表

表12

桥名称	长(米)	宽长(米)	建设时间(年)	位于
寿星桥	20	10	1998	玉带河
保丰桥	18	6	1994	玉带河
启星桥	20	10	2000	启星路
永安桥	20	10	1998	永安路

村庄道路　　李传新　摄

桥梁

90年代以后，在村体改造中对原有9处河塘进行扩挖，并建桥将其联通，形成完整的水系。至2021年，共建有主要桥梁4座。

供水

2005年，为解决群众饮水安全，潘楼村打一眼180多米的深水井，同时铺设供水管道，全村家家户户通上自来水。2016年3月，潘楼村投资90多万元，对2500米长的居民饮用水主管道及4万多米长的入户管道全部更新。自来水普及率达到100%。

排水

1999年前，村内排水主要是路面水沟、地下阴沟排水，雨污不分。1999年后，结合村庄建设，开始逐步铺设地下管道，实施雨污分流。至2006年，铺设下水道5000米。2015年，在原有的下水道基础上，增加400米下水管网。至2021年，共铺设地下管道9000多米，潘楼全部实现雨污分流。村内人居环境进一步改善。此外，由企业投资700万元铺设外输管网总长7800米，彻底解决村内工业废水排放处理问题。

电网改造

2014年，为保证供电用电安全，潘楼村进行农电网改造，5000米高低压全裸导线全部更换为绝缘导线。

照明

随着道路建设，同步安装路灯。到2006年，村内安装时控路灯180盏。后多次进行改造。至2021年，全村共安装路灯240盏、草坪灯30盏、景观灯30盏，多为钠灯路灯、LED路灯、节能路灯、新型索明氙气路灯。

公共设施建设

实施惠民工程
建设新潘楼

村综合办公东楼（潘楼村党群服务中心） 1999年新建3层办公楼1栋，建筑面积720平方米，办公条件大为改善。2017年5月，又建成600平方米两层综合办公东楼（潘楼村党群服务中心），增设电子阅览室、电子监控室、电子商务室、电子屏幕室、村史馆等。

文化礼堂 2018年，按照铜山区颁布的《乡风文明建设三年行动计划》和《文明

潘楼文化大礼堂　　李传新　摄

老寿星雕像　　李传新　摄

示范村建设考核细则》要求，潘楼村新建文化礼堂，建筑面积1000平方米，可容纳600人。

村卫生室　1999年，新建潘楼村卫生室，建筑面积近500平方米。2017年，卫生室迁址，新建潘楼社区卫生服务站，建筑面积200余平方米。

潘楼小学　1995年，原潘楼小学迁址重建，同年9月建成。新校址占地18亩，建筑面积1200平方米。

石门牌楼　2012年，潘楼村投资10余万元，在村北入口处建设一高10米、宽17米的石门牌楼，两旁立有两尊高大的石雕独角兽。牌楼上方有我国著名工笔花鸟画家喻继高题写的“潘楼”二字。独角兽上各刻有“祯”“祺”两个大字，向人们昭示吉祥如意。

“老寿星”雕塑　2017年11月，在潘楼村永安路与启星路交会处建设一尊高4米的“老寿星”雕像，寓意村民健康长寿。

生态文明建设

生态文明建设

村庄环境整治

1999年以后，潘楼村积极推进生态文明村建设，大力营造人与自然和谐共处的生态家园。2001年，开展“百家生态村”创建活动；制定《潘楼村创建省级文明村实施方案》，提出建设“村容村貌整洁优美”的生态文明的潘楼。2004年，结合文明村镇创建实施“四小一材”（即小粪堆、小猪圈、小柴垛、小厕所、建筑材料）整治活动。2005年后，按照“生产发展、生活宽裕、乡风文明、村容整洁、管理民主”要求，村支两委加大生态文明建设力度。先后开展“江苏省康居示范村”创建活动，开展以“清洁水源、清洁田园、清洁家园，创建文明示范户、创建生态示范村”为主要内容的“三清三创”活动，并以改善人居环境、卫生环境、生态环境等为重点，推进村庄绿化、街院净化、环境美化、道路亮化工程建设。

1999年至2007年，全村相继投资300余万元对村内9处河塘进行清淤和护坡，完成河塘护坡2万平方米、清淤20万立方米；对5处涵桥进行修建和改建，将村内河塘联通，变成死水为活水、污水变清水。投资50余万元，对自来水、有线电视、通信、网络等工程进行改造。

积极推广卫生户厕，投资60余万元，对村内6处公厕进行旱改水，350户农户进行改厕，卫生条件大为改善。投资2000多万元进行旧房改造，共建别墅式楼房585栋。投资70余万元对小区内道路进行硬化，修建、疏通下水道，并对河塘岸边、道路两侧和人行道进行绿化。全村的道路路路相通，硬化率98%，绿化覆盖率达42.1%。投资200万元兴建集文化、体育、休闲、娱乐为一体的中心广场——乐美文化广场，以及翠薇园（老寿星）广场、翠竹广场等5处广场。为做好生态环境保护工作，村成立保洁队，配有12名专职保洁人员；配有公厕卫生员、绿化管理员、河塘管理员等。8年间，共处理各类垃圾6万立方米。投资50多万元对自来水、有线电视、通信网络进行改造。

潘楼村先后获“徐州市村容村貌管理先进村”（2000年）、“徐州市首届徐州市最

公路建设　　潘楼村村委会　供图

具魅力十佳乡村”（2005年）、“徐州市社会主义新农村建设十佳示范村”“徐州市‘三清三创’先进示范村”（2006年）、“江苏省生态村”“全国绿色小康村”（2007年）等称号。

2008年以后，潘楼村生态环境建设加快推进，先后组织开展“村容管理规范达标”“乡风文明村容整洁”“清洁城乡，美化家园”等创建活动。同时，逐步完善环境卫生管理体系。至2012年，制定了潘楼村门前“五包责任制”，即“禁止垃圾乱倒、柴草乱垛、鸡猪乱跑、脏水乱泼、粪便乱堆”。添置洒水车1台、各类户外垃圾箱120个。配有洒水员2名，保洁员增至13人。对全村的生活垃圾实行组收集、村运输，垃圾集中清运处理率100%。此外，2015年实行河长制，统筹水上、岸上污染治理，改善水环境，修复水生态，每条河道都配备1名河道管护员，负责河道巡查和清洁卫生。2020年，村实施垃圾分类，“户分类、组保洁、村收集”垃圾处理体系进一步完善。2021年，开展村河塘整治，对玉带河清淤；对灌河进行整治开挖，岸堤从2米加宽到5米，并将打造沿岸公园。

村庄绿化　2000年以后，潘楼村践行绿色发展理念，打造“绿色潘楼”。2008年以后，潘楼村按照铜山县委、县政府提出的

半亩塘公园夜景　　潘楼村村委会　供图

半亩塘公园　　李传新　摄

“农田林网化、道路林荫化、庭院花果化、渠塘风景化”的要求，结合社会主义新农村建设，以“绿色通道、农田林网、四旁植树、绿色家园”为重点，进一步加强生态环境建设。2012年，潘楼村先后在永安路、启星路栽植香樟树560棵；在鑫星路、裕民路栽植银杏树300棵。2015年在汇合西路两侧栽植桂花树1200余棵。农田林网、四旁植树10万余棵。建有绿化公园6处，栽植乔木、灌木、花卉，铺设草坪。村内设有大小花坛300多个。至2016年，全村共种植有各类树木30万棵；庭院绿化家家户户种植观赏花木。村庄实现四季常绿。森林覆盖率达42.1%。2010年以后，潘楼村先后获评第一批“徐州市生态村”（2010年）、“江苏省三星级康居乡村”“江苏省和谐社区建设示范村”（2013年）、“首届徐州市最美乡村”（2015年）。

2017年以后，潘楼村认真贯彻落实党的十九大精神，按照“生态宜居、乡风文明、治理有效、生活富裕”的总要求，开展“江苏最美乡村”创建，大力实施最美乡村工程。持续实施“三绿”工程（绿色道路、绿色村庄、绿色庭院），推进美丽宜居乡村建设。2018年1月，潘楼村获“江苏最美乡村”称号。此后，新建半亩塘亲水公园、半月亭广场、法治广场、好人园等休闲广场，完善怡园、翠薇园、西园等景观绿化工程。新增观景树乔木200棵、灌木350棵、黄杨球200株、小苗600平方米、铺草坪8000平方米；新建亭阁3处，布设景观石3处350吨。新增绿化面积近万平方米。同时，实施村庄建筑物立面改造美化提升工程，完成房屋立面刮泥子、外墙刷弹性涂料胶漆3000平方米，窗户喷氟碳漆2700平方米，屋面喷漆弹性涂料2.8万平方米，门喷漆1800平方米，其他喷漆350平方米。

潘楼半亩塘亲水公园 2018年建成，面积约6亩，三层水系，河塘相通；四周建有亲子平台、木榭栈桥、西岸凉亭、音乐喷泉、观景长廊、鼎承天泽等建筑，沿塘花园，栽植各种名贵树木，四季常青，季季有花，是潘楼村主要的旅游景点和村民的休闲之地。

工业污染治理 为解决造纸企业污水排放，2005年，投资2000余万元建成占地25亩的污水处理厂，日处理污水1.2万吨。

农作物秸秆露天焚烧污染治理 2006年以后，村委会每年均在稻、麦收获季节发布严禁秸秆焚烧通知，做好农户焚烧秸秆工作，秸秆焚烧得到有效控制。同时推广秸秆综合利用，利用植物秸秆造纸、还田、生产食用菌等，全村秸秆的利用率达到90%。重视“白色污染”防治，各种农膜、地膜的回收率100%。

新型农居建设

50年代，潘楼村农民住房皆为低矮泥草房。60年代末开始，随着农民生活水平的逐步提高，部分农民新建或扩建了房屋，所建房屋多以泥墙瓦盖居多。1984年后，随着农村经济的发展，到80年代末期，已经有个别村民改建楼房。1997年以后，潘楼村在发展经济、增加村民收入的基础上，着力改善人居环境，进行农房改造。1998年邀请徐州市、铜山县规划部门，按照适度集聚、节约土地、有利生产、方便生活的原则，科学规划居民点布局和数量。1999年，按照“两个统一”（即统一使用新型民居图纸要求，统一办理建房手续），开始实施民居改造工程。1999—2006年，分两期进行民居改造，全村共拆除旧房1万多平方米，改造旧房100多栋；新建两层别墅585栋，其中连体楼房150栋、单体别墅式楼房435栋，潘楼村总投资2000多万元。新型民居推广率100%。2001年1月，潘楼村被江苏省政府授予“村镇文明住宅小区”称号。

房地产开发

摩尔庄园　2010年3月开工，2012年12月竣工。摩尔庄园由江苏美丽鼎阳置业有限公司开发。共建单体别墅86栋。每栋300多平方米、3层，配有车库、小花园等。

徐州十二橡树庄园　2012年5月开工，2015年竣工。徐州十二橡树庄园由江苏美丽鼎阳置业有限公司开发。橡树庄园占地面积15953平方米，建筑面积70469平方米。内设社区服务站及多个健身、休闲广场。

摩尔庄园小区　　潘楼村村委会　供图

3 全国文明村

中共十一届三中全会以后，潘楼村党支部（党总支）、村委会始终重视加强以社会主义道德建设为核心的精神文明建设，通过“十星”级文明户评选等形式，开展精神文明建设主题活动，创建文明村、文明户，培育道德模范典型，倡导社会主义思想道德新风尚，弘扬社会主义核心价值观。村民科技文化素质和公民道德意识不断提高，文明程度不断提升。村民崇尚文明道德，遵纪守法，尊老爱幼，助人为乐，助残助教，乐善好施，扶危济困，涌现出众多星级文明户、最美家庭以及潘楼好人等道德典范，社会主义精神文明新风尚蔚然成风。先后荣获“铜山区文明村”“徐州市文明村”“江苏省文明村”“全国文明村镇”等荣誉称号。

全国文明村镇——潘楼村　李传新　摄

文明村创建

我为潘楼
文明代言

文明素质培育　1978年，潘楼村开展移风易俗、摒弃陈规陋习等群众自我教育活动，提倡科学、健康、文明生活方式。1982年，潘楼村在一手抓好物质文明建设的同时，一手抓好精神文明建设，积极培育村民的文明素养。同年，开展创建“五好”家庭活动（热爱社会主义祖国、热爱集体、遵纪守法好；努力生产、工作、学习、完成任务好；实行计划生育、教育子女、勤俭持家好；移风易俗、文明礼貌、清洁卫生好；尊老爱幼、家庭和睦、邻里团结互助好）。组织妇女参加三堡公社“三八”红旗手竞赛等活动。1987年，潘楼村开展以“提倡社会公德，抓好社会风尚建设，加强爱祖国、爱人民、爱劳动、爱科学、爱社会主义”为基本内容的社会主义精神文明建设，推动文明村创建工作。至1990年，全村五好家庭数占全村总户数的20%。其后，潘楼村先后成立红白理事会、移风易俗理事会、计划生育协会、公道会、禁赌协会等群众自治组织；完善村规民约，发布破除迷信、禁止赌博的通告，制止婚丧大操大办、封建迷信活动和赌博行为。1992年，组织开展“文明新风户”等评选活动。

1998年，为加强“三个文明”建设，提高村民文明素质，创造稳定、优美、和谐的社会环境，树立良好的社会风气，塑造美好的潘楼形象，共创潘楼美好未来，做到有章可循，有章可依，潘楼村党支部研究决定全面开展精神文明建设，实行“十星”级文明户评选，正式出台“十星”级文明户评选内容和标准，并组织开展评选活动。2002年，潘楼村进一步完善“十星”级文明户评选方法与制度，评选活动进一步规范化、制度化。

2008年，潘楼村修订出台第七届村民代表大会第二次会议通过的《村民自治章程》。章程分总则、村民组织、经济管理、社会秩序、村级小城镇建设管理、爱护林业及水利设施和附则，共7章63条，目标是为实现村民自我教育、自我服务、自我治理，加强社会主义三个文明建设，坚持科学发展观，构建和谐社会，促进农、副、工三大经济突飞猛进和小城镇中心村建设又好又快发展。同年，潘楼村开展新一轮精神文明创建活动，结合村庄建设和经济发展，丰富“十星”级

文艺演出活动　　潘楼村村委会　供图

文明户创建内涵，促进“十星”级文明户创建的深入开展。

2010年，潘楼村组织开展“村民文明素质提升”“村容管理规范达标”等活动，提高村民文明素质，改善乡村环境，加快农村城市化、城乡一体化进程。开展平安家庭创建活动，把平安家庭创建、新农村建设与物质文明建设同步，共创美满家庭、美丽家庭、美好家庭，同“十星”级文明户评比结合起来，拓宽五好文明家庭的活动内容，树立社会主义荣辱观。7月，江苏省精神文明建设指导委员会授予潘楼村“江苏省文明村”称号。

2014年，潘楼村成立全区第一家老年协会，成立由15人组成的青年爱心志愿者服务队，加强老年人关爱服务，培养村民爱老、敬老美德。2016年，潘楼村以徐州市创建全国文明城市为契机，进一步丰富“十星”级文明户创建内容。建设新时代文明实践站，

文明户表彰　　潘楼村村委会　供图

加强村民党史、家风等教育。2018年，潘楼村建设300多平方米村史馆，教育村民不忘艰难过去，共创辉煌未来；在村中心文化广场建设“好人园”，18名“潘楼好人”事迹在宣传栏展出，教育村民学习好人，争做好人。2021年底，潘楼村召开村民代表大会，第二十四次表彰“十星”级文明户荣誉获得者。同年，潘楼村获得“徐州市优秀文明实践站示范点”称号。

文明村庄创建　1978年，潘楼村以创建文明村庄为抓手，全面整顿村庄环境，改善村容村貌。1984年11月，为改善村民居住环境，提升人居环境质量，提升乡村文明程度，潘楼村决定村庄建设统一使用新型民居图纸。同年，潘楼村被中共铜山县委、铜山县人民政府命名为第一批“文明村庄”。1987年后，潘楼村开始大批量农房改造。

2000年，潘楼村在争创文明村工作中，全面整治农民居住环境。同年，潘楼村被徐州市精神文明建设指导委员会授予1999—2000年“徐州市文明村”称号。2002年，潘楼村为推进物质文明和精神文明建设的顺利发展，制定“三包”（包卫生、包绿化、包管理）责任书及《潘楼村创建省文明村实施方案》，明确目标措施，具体责任到人。同年，江苏省精神文明建设指导委员会授予潘楼村2001—2002年“江苏省文明村”称号。2004年，江苏省精神文明建设指导委员会授予潘楼村2003—2004年“江苏省文明村”。2005年，潘楼村开展清洁家园、清洁田园、清洁水源，创建文明示范户、创建生态示范村、（镇）创建卫生示范镇为主题的“三清三创”活动。徐州市精神文明建设指导委员会授予潘楼村2004—2005年“徐州市文明村”称号。至2006年，潘楼村改造旧房100多栋，新建别墅585栋。为提升文明程度，建成翠薇园（老寿星）文化广场。同年，徐州市委授予潘楼村“徐州市城乡结对共建、新风文明”称号。

2008年，潘楼村结合徐州市创建文明城市工作，开展“乡风文明村容整洁”创建活动。以“提高农民素质、增加农民收入”为主要内容，开展“文明村、文明院落”创建。同年，徐州市精神文明建设指导委员会授予潘楼村2006—2008年“徐州市文明村”称号。2009年，江苏省精神文明建设指导委员会授予潘楼村2007—2009年“江苏省文明村”称号。2011年，徐州市精神文明建设指导委员会授予潘楼村2009—2011年“徐州市文明村”称号。2012年，江苏省人民政府授予潘楼村“江苏省文明标兵村（2010—2012）”称号。2015年2月，中央精神文明建设指导委员会授予潘楼村“全国文明村镇”荣誉称号。2016—2021年，潘楼村以徐州市创建全国文明城市为契机，加强生态文明建设，建立长效管理机制，巩固文明村创建成果。

村民道德建设

倡导文明乡风
展现人文之美

1978年后，潘楼村通过物质文明和精神文明建设，村民的思想道德建设逐步得到加强。

1981年，潘楼村为加强公民道德建设，开展“五讲四美三热爱”（讲文明、讲礼貌、讲卫生、讲秩序、讲道德，语言美、心灵美、行为美、环境美，热爱祖国、热爱社会主义、热爱共产党）主题教育，倡导社会主义思想道德新风尚。

1982年，潘楼村开展创建“五好家庭”活动，倡导村民团结互助、和睦邻里、尊老爱幼、勤俭持家等文明新风。

1987年后，潘楼村开展“三提倡三反对”（提倡科学文明，反对封建迷信；提倡艰苦创业，反对奢侈浪费；提倡民主与法治，反对违法乱纪）主题教育。在校园，对学生进行法制、纪律教育，开展“三个面向”（面向世界、面向未来、面向现代化）和争做“四有”（有理想、有道德、有文化、有纪律）新人教育，引导学生立志、勤学、实践、成才。开展“我与祖国共奋进”活动，抓好青少年思想道德教育，引导青少年树立共产主义远大理想和正确人生观。以《村规民约》加强村民的道德行为。

1998年后，潘楼村通过开展“十星”级文明户创建活动，村民的遵法守意识普遍增强，尊老爱老等道德观念进一步提升。

2005—2006年，潘楼村先后开展“和谐新农村、幸福新家庭”“知荣辱、讲正气、树新风、促和谐”主题活动，进一步丰富“十星”级文明户创建的内容，增强村民获星意识。2006年，潘楼村结合“十星”级文明户评选，开展社会主义基本道德规范、社会主义荣辱观教育活动。

2008年，潘楼村开展传统美德进家庭、学习风气进家庭、法制教育进家庭、文明用语进家庭、环保知识进家庭、健与美进家庭的“六进家庭”活动，村民道德建设水平得进一步到提升。

2010年，潘楼村开展“与道德模范同行”学习宣传活动，用先进模范榜样示范作用引领社会文明道德风尚建设。

2011年，潘楼村组织全体党员到西柏坡参观学习，重温入党誓词，加强革命传统

新老党员党史学习教育　　潘楼村村委会　供图

潘楼“孝星”颁奖现场　　潘楼村村委会　供图

教育，做合格的共产党员。同时，利用电影、广播、文体活动等宣传方式，加强村民爱国主义、集体主义、社会主义和党的基本路线、方针、政策教育，引导村民正确处理国家、集体、个人三者关系。

2013年后，潘楼村全面开展社会主义核心价值观教育实践活动。

2014年，潘楼村成立关爱志愿者服务队，为全村老年人提供关爱服务。

2015年，潘楼村利用农家书屋、电教设施、图书室等教育资源，引导未成年人践行文明礼仪，争做文明使者。

2018—2021年，潘楼村通过开展好人评选等活动，树立道德模范典型，公民思想道德建设持续得到加强。

2021年，潘楼村通过村史馆、道德文化讲堂、新时代文明实践站等学习阵地，提升村民思想道德水平。

附：潘楼村村规民约

1.热爱祖国，拥护中国共产党的领导，遵守国家法律法规，执行党和国家的路线、方针、政策。

2.倡导社会主义核心价值观，移风易俗，喜事新办，不铺张浪费，丧事从俭，不搞陈规旧俗，不搞宗族派性，反对家族主义，反对封建迷信及其他不文明行为，树立良好的社会风尚。

3.村民积极履行各种义务，主动参与道路、交通、学校、水利等公益事业的修建维护工作，依法服兵役和参加民兵组织，承担抚养教育子女和赡养老人的义务，禁止家庭暴力和虐待行为发生。

4.弘扬正气，抵制歪风邪气，敢于同各种不良现象和违法犯罪行为作斗争，严禁赌博、吸毒、封建迷信等一切违法或不健康的活动，提倡勤俭节约，反对铺张浪费。

5.依法使用宅基地，服从村镇建设规划，不损害集体及其他村民利益，不侵占集体土地和公共空间、不非法出售宅基地；认真搞好土地延包工作，落实生产责任制，不得随便侵占土地，不得抛荒弃耕。

6.搞好安全生产工作，注意防火防盗，注意交通安全，自觉服从对易燃、易爆、剧毒等危险物品和枪支、弹药、管制刀具的管理。

7.关心集体，关心他人，关心村里公共事业，全力支持多数群众同意的涉及本村经济社会发展的土地流转、房屋征收、土地征用等工程建设。

8.维护村容村貌，搞好村庄环境卫生和村容整洁，美化生活环境，优化育人环境，不乱建、不乱堆、不乱排、不乱丢，垃圾入箱集中处理。

9.爱护公物，不准侵占集体财物，不准损坏水利、交通、供电、电视、生产等公共设施，严格用水用电管理，禁止偷电偷水，不得私自铺设电线，水管。

10.凡外来人员进驻本村的，也必须服从本村管理，尽到应尽义务和遵守本村规民约。

文化活动　1960年，为丰富村民的精神文化生活，潘楼村成立柳琴剧团，主要演员有李洪山、宋大礼、张书玲、刘玉兰、刘素玲等。剧团演出的传统剧目有《借年》《喝面叶》等。1968年，柳琴剧团改为梆子剧团，统称为“毛泽东思想宣传队”。每年进入冬闲，凡村内爱好文艺的青年，自觉自愿地参加村文艺宣传队排练演出。春节期间，演出节目多为自编自演，宣传各行各业的好人好事，有相声、快板、舞蹈、表演唱等，形式多样，短小精悍。演出的大型剧目有《社长的女儿》《红灯记》等。70年代末，剧团自行解散。1980年后，潘楼村通过外出参观学习和邀请外地剧团到村演出，丰富村民的精神

2011年7月，潘楼村党员干部群众代表到西柏坡参观学习。　潘楼村村委会　供图

文化生活。每逢春节、元旦、国庆等节庆日，村里常态化举办广场舞会、元宵灯会、春节联欢会和农民运动会，组织群众开展乒乓球赛、象棋赛、扑克牌赛等文体活动，为村民生活增添欢乐祥和色彩。1998年4月5日，潘楼村党支部带领全体党员到淮海战役烈士纪念塔参观，缅怀革命先烈，接受革命传统教育。1999年1月，春节期间，潘楼村邀请丰县小凤凰剧团到村演出。7月，村党支部带领党员干部、村民代表100余人，到南京中山陵、雨花台和淮安周恩来纪念馆参观，提升村民政治素养。2001年10月，潘楼村党支部、村委会带领党员干部、村民代表100余人到北京拜谒毛泽东主席纪念堂，参观人民大会堂、天安门，观看升旗仪式，陶冶广大干群的情操。2009年1月，县文化馆到潘楼村开展演出活动。2011年7月，潘楼村党总支组织党员到革命圣地西柏坡参观学习。2018年2月，春节期间，潘楼村邀请江苏梆子剧团到村文艺演出。2019年5月19日，徐州市总工会到潘楼村开展以“中国梦 劳动梦 幸福路”为主题的文艺汇演。10月，徐州市知联会在潘楼村文化礼堂举行新中国成立70周年庆祝活动。

文化家园建设　80年代末，潘楼村村部装有大喇叭，村民户户通上小喇叭，家家都能通过广播及时了解党的各项方针政策和国内外大事。1998年底，潘楼村建设“十星”级文明户评比文化墙。1999年12月，潘楼村普及有线电视，村民足不出户，即可享受丰富的精神文化生活。2000年，潘楼村建图书室2间，面积60平方米，各类藏书2000余册，村民可随时到图书室阅读或查阅资料。2002年，潘楼村开展“婚育新风进万家”活动，在全村设10余个宣传站点，配有书架、报架、图书、报刊等。2006年，潘楼村建成翠薇园文化广场，建成科普画廊。2012年，潘楼村把文化家园建设作为精神文化建设的重要内容抓实抓好，先后投资400多万元改造、建设集文化、休闲、娱乐为一体的农村休闲广场——乐美广场和老寿星文化广场，改善广场活动环境。2016年，潘楼村成立文明实践站，开设道德文化讲堂，村民获得党史、国学、道德、法治、家风等教育。2017年12月，潘楼村建设村史馆，通过时空链接，激发村民的创业热情。同年，村图书室重建，面积100余平方米，藏书1万余册。2018年，潘楼村建设精神堡垒大型宣传牌1个，内容为乡村振兴战略20字方针；建法治文化广场1处、休闲娱乐广场2处；在村中心文化广场建“好人园”宣传栏18个，宣传好人精神，弘扬精神文化。至2021年，潘楼村共建设大型文化广场3处、小型文化广场6处。

建立老龄工作组织　1987年7月，潘楼村为做好农村老年人工作，传承敬老爱老助老的优良传统，成立老龄工作委员会，具体负责老龄工作。老龄工作委员会成立后，积极探索新形势下的养老模式。2014年4月，潘楼村成立全区第一家老年协会，协会配

潘楼村老年关爱之家　李传新　摄

潘楼村为老年人祝寿

潘楼村村委会　供图

志愿者为老人服务

潘楼村村委会　供图

潘楼村为90岁以上老年人发放长寿金

潘楼村村委会　供图

安全宣传进潘楼
安全知识入人心

孝满潘楼
情暖重阳

关爱服务暖人心

有办公室、咨询室、棋牌室、图书室、乒乓球台、麻将桌、书法桌、电视和健身器材等，为老年人提供娱乐、欢聚的活动场所。此后，村里每年投入3万元，支持老年协会开展各种活动，使老年人老有所养、老有所学、老有所为、老有所乐。2015年，潘楼村被徐州市老龄委授予“徐州市先进老龄协会”称号。2021年12月，国家老龄工作委员会授予潘楼村“全国敬老文明号”称号。

建设老年关爱之家　2002年，潘楼村结合村体改造，统筹规划建设“老年集中生活区”，建设老年关爱之家。2007年，潘楼村老年关爱之家第一期建成，40套全部入住。2012年，为满足老年人居住需求，潘楼村老年关爱之家第二期建成，新建54套。共入住老年人90余人。至2016年，潘楼村先后投入400万元，建设老年公寓94套及相关配套设施。老年集中生活区占地面积8000平方米。老年公寓入住老年人180人。2021年，“老年关爱之家”入住老年人94户172人。

做好老年关爱服务　2014年，潘楼村为做好老年人服务工作，成立一支由15人组成的青年爱心志愿者服务队，随时为老人提供必要的服务。老年居住区配有棋牌室、阅览室、心理室、保健室，并设立老年服务中心，实行24小时值班制，安装护理、传呼、报警应急呼叫系统，每位老年人床头配备一键通，为老年人提供全方位无偿服务。2015年，张衍刚被授予“江苏省第二届百佳孝星”称号。2016年，为解决老年人、留守儿童等困难群体生活难题，潘楼村青年爱心志愿者服务队成员发展到50人。志愿者有医生、教师、工人、大学生等，每月固定开展活动，为老年人做好关爱服务。同年，全国老龄工作委员会授予潘楼村党总支书记张衍刚“敬老爱老助老模范人物”称号。2017年6月，潘楼村在老年关爱之家新建卫生室，为老年人提供健康服务。2018年起，每逢重阳节，潘楼村为90岁以上老年人戴寿帽、挂寿带，集体庆寿，并发放“老年长寿金”；每年春节、端午、重阳等节日，潘楼村都组织助老爱老集体活动，开展义诊、梳洗、联欢等义务服务，逐步形成爱老助老文明新风。2021年，潘楼村荣获“全国示范性老年友好型社区”“徐州市敬老文明单位”称号。

『十星』级文明户评选

“十星文明户”
评比活动

评选内容方法　1998年12月，潘楼村正式出台“十星”级文明户评选内容和评选标准。评选内容分爱国星、守法星、计生星、敬老星、致富星、道德星、育才星、卫生星、新风星及和谐星10个类别，同时制定53条考核细则，全面开展“十星”级文明户创建活动。2002年，潘楼村制定《潘楼村“十星”级文明户评选方法与制度》，进一步丰富“十星”级文明户评选的内容，完善“十星”级文明户评选科学方法，使评选活动逐步规范化、制度化。至2021年，潘楼村均按此内容和方法开展评选活动。

评选活动开展　1998年，潘楼村党支部为规范村民社会主义基本道德，树立正确社会主义荣辱观和社会主义核心价值观，全面提升村民整体素质，加强乡风文明建设，促进社会经济健康发展，决定在全村开展“十星”级文明户评选活动。根据“十星”级文明户评选内容和考核细则，潘楼村开展初次评选活动。通过公推公示，座谈评选，当年全村评星3225颗，并将评选结果在村部宣传栏上向全体村民公布。1999年，评选结果出台，村民“争星”意识明显增强，增幅较大的“守法星”由1998年的93户增加到212户，“卫生星”由1998年的59户增加到145户，“致富星”由1998年的35户增加到119户。2008年后，潘楼村结合经济社会发展实际，不断丰富“十星”级文明户创建内涵。2016，潘楼村以徐州市创建全国文明城市为契机，进一步丰富“十星”级文明户评选内容。至2021年，潘楼村通过开展“十星”级文明户评选活动，村民的爱国、守法、道德、致富等意识普遍增强，获星率均在全村总户数80%以上；村风民风进一步淳化，村民的整体素质不断提高。在村中心文化广场旁，建立一面长约50米的“十星”级文明户展示墙，全村600多户居民的获星户主姓名均写在展示墙上。潘楼村连续24年共评星100428颗，在展示墙上形成一道闪亮的“星群”。

1998—2021 年潘楼村“十星”级文明户评选结果统计表

表 13　　　　　　　　　　　　　　　　　　　　单位：颗

年度	爱国星	守法星	计生星	敬老星	致富星	道德星	育才星	卫生星	新风星	和谐星
1998	495	93	454	454	35	410	445	59	454	326
1999	468	212	464	468	119	461	468	145	465	392
2000	493	196	490	494	103	485	494	308	485	454
2001	506	195	501	507	432	504	507	211	502	482
2002	505	164	502	506	473	500	505	234	505	491
2003	496	161	495	499	494	498	498	213	499	471
2004	489	194	490	492	489	491	491	165	490	473
2005	482	202	484	484	483	483	484	127	464	444
2006	484	222	486	486	484	486	485	194	472	467
2007	477	147	479	479	478	479	478	179	471	471
2008	477	169	479	479	477	477	478	160	474	471
2009	479	178	481	479	480	479	480	179	477	474
2010	438	229	438	433	437	439	439	341	436	432
2011	437	233	437	430	436	438	438	335	434	423
2012	433	268	433	429	433	433	432	317	424	416
2013	432	271	434	428	433	434	433	304	428	425
2014	476	410	474	421	472	476	476	317	474	445
2015	463	385	445	415	456	460	463	317	459	388
2016	449	391	425	410	446	445	449	336	438	412
2017	478	391	480	486	484	488	492	345	480	445
2018	491	433	495	496	492	490	499	330	490	458
2019	479	453	470	492	492	480	498	245	488	412
2020	521	515	471	491	526	526	524	213	523	498
2021	509	491	464	491	516	511	515	207	504	473

附：潘楼村“十星”级文明户考核细则

为加强潘楼村“三个文明”建设，提高村民素质，创造稳定、优美、和谐的社会环境，树立良好的社会风气，塑造美好的潘楼形象，使干群团结，为村争先进，共创美好未来，为了做到有章可循，有章可依，公平公正，阳光透明，又便于操作，特研究制定以下考核细则，村民应遵照执行。

爱国星

爱党、爱国、爱潘楼，完成国家和政府交给的各项任务。有下列情形之一的扣除此星。

（一）言行与党和政府不一致的。

（二）拒不上交国家规定的税费的。

（三）不遵守村规民约、拒不履行村民义务的。

（四）侵占集体和公共利益的。

（五）不爱护村容村貌的，破坏环境的。

守法星

家庭成员学法、懂法、守法，能用法律武器维护自身和集体的合法权益，自觉遵守《中华人民共和国宪法》和其他法律法规，自觉遵守村规民约和社会公德，积极参与社会普法活动。有下列情形之一的此星实行一票否决制。

（一）不遵守《治安管理处罚条例》的（有嫖娼、赌博、聚众闹事、骂街生事、搞传播淫秽物品等有关活动）。

（二）组织、参与非法团体和非法宗教活动。不积极配合公安机关和国家安全机关打击违法犯罪行为及违法分子的。

（三）搞无原则纠纷、组织或参与越级上访和集访，扰乱机关、企事业单位工作或生产秩序的。

（四）家庭成员内有受到公安机关打击处理人员，有现行违法犯罪行为和正在服刑犯的人员。

（五）经营、制造、销售伪劣产品，掺假坑害群众利益行为的。

（六）在普法活动中，不积极学法、守法的；在处理家庭矛盾和邻里纠纷事件中采取暴力违法行为的。

计生星

为了实现人口与经济、社会资源、环境的协调发展，推行计划生育，促进家庭幸福、民族繁荣与社会进步，提倡一对夫妻生育两个子女。有下列情形之一的实行一票否决制。

（一）违法生育或违法收养的。

（二）非医学需要选择性引产的。

（三）非婚生育和重婚生育的。

另，不按规定缴纳社会抚养费的不得评

潘楼村“十星”级文明户评选荣誉墙　　李传新　摄

为此星，直至交清抚养费。

敬老星

尊敬、孝顺老人，关心老人的生活、学习和身心健康，使其老有所养、老有所归。有下列情形之一的实行一票否决制。

（一）不孝敬父母、公婆的。

（二）虐待父母、公婆的。

（三）公婆与儿媳关系不融洽的。

（四）长辈有病不给及时治疗的。

（五）长辈吃住问题不给解决的。

致富星

勤劳致富、科学致富、守法致富。有下列行为之一的扣除此星。

（一）本年收入与上一年收入相比没有递增。

（二）居室不宽敞，衣食不充足，生活质量低于全村平均数值。

（三）因贪图安逸、不务正业导致贫困的（因病、因残、因自然灾害致贫的不在扣星之列）。

（四）没有比较稳定的收入，不依靠合法经营勤劳致富的。

道德星

切实遵守社会公德、职业道德、家庭美

德，不损人利己，不损公肥私。有下列情形之一的扣除此星。

（一）破坏集体财物和公共设施及乱挖取土行为的。

（二）破坏苗木、景观树，在花坛内乱栽乱种其他植物的。

（三）不按村委会布置，有损集体利益行为的。

（四）违反社会公德、职业道德、家庭美德并造成恶劣影响的。

（五）严重损毁他人声誉，造成恶劣后果的。

（六）焚烧秸秆，破坏生态环境的。

（七）聚众闹事、煽动是非的。

（八）制造谣言、诽谤他人、以谣传谣的。

（九）侵占他人利益行为的。

育才星

执行《中华人民共和国未成年人保护法》《中华人民共和国义务教育法》，自觉接受九年义务教育，积极参加各种文体活动，关心留守儿童，关注农村青少年成长和心理健康，倡导农村青少年健康文明人生观、价值观、生活观。

（一）学习科学文化技术，积极参加文化活动和健身运动；购置家庭文体用品和图书报刊，人均藏书15册以上，开辟家庭“读书角”；无辍学子女。

（二）适龄儿童全部接受义务教育，成人无文盲。

（三）自觉学政治、学文化、学科技，积极参加集体组织的各种培训和学习。

（四）不纵容娇惯孩子，正确引导教育子女。

（五）子女无违法行为，不破坏集体财物。

不执行上述规定之一的，则扣除此星。

卫生星

讲究卫生，室内外经常打扫，杂物、柴草按规定堆放整齐；倡导美化、绿化庭院。有下列情形之一的扣除此星。

（一）家庭脏乱差，成员不讲卫生的。

（二）厨房、厕所蚊蝇乱飞、异味强烈的。

（三）杂物、柴草堆放混乱，影响村容村貌和道路畅通的。

（四）门前卫生不打扫，车辆停靠在行车道上。垃圾及建筑材料乱倒以及向村河内投放垃圾的。

（五）院内外乱建、乱占、乱停、乱放、乱泼、乱倒、乱写、乱画，以及不珍惜爱护门前绿树、草坪的。

（六）家禽家畜放养的。

新风星

崇尚科学，不搞封建迷信活动，树立朴素文明新风，讲奉献，行好事，勤俭节约，婚丧嫁娶不大操大办。有下列情形之一的扣除此星。

（一）组织或参与封建迷信活动的。

（二）参加或观看粗俗娱乐活动的。

（三）异性间言行交往粗俗不文明，影响较坏的。

（四）婚丧嫁娶大操大办并造成恶劣影响的和利用婚丧嫁娶演出低俗、黄色节目的。

（五）衣着穿戴不文明的。

和谐星

家庭和睦，夫妻互敬互爱；邻里和睦，不挑拨离间，不搬弄是非；积极参加各种公益活动，互相帮助。有下列情形之一的扣除此星。

（一）家庭成员处事不通情达理，吵架闹事的。

（二）兄弟姐妹、哥嫂、妯娌、婆媳不团结的。

（三）邻里关系不团结或故意挑拨邻里关系、搬弄是非、拉帮结伙、打架斗殴和有是非纠纷的；邻里出现困难不主动帮助、袖手旁观的。

（四）自私自利不顾全大局，不维护本村声誉及集体利益行为的。

（五）发生矛盾未经村处理直接报110的（刑事案件除外）。

本考核细则解释权归本村“十星”级文明户创建小组。

本考核细则于1998年12月10日起执行。

三堡镇潘楼村党支部、村委会

1998年12月1日

道德模范评选

潘楼村素有崇德尚善的优良传统，先进典型、道德模范人物不断在三个文明建设中涌现。1988年，张震峰被徐州市人民政府授予“徐州市劳动模范”称号。2001年，潘楼村党支部书记张衍刚因经济社会发展、精神文化建设等取得突出成就，被江苏省人民政府授予“江苏省劳动模范”称号。2005年，张衍刚被国务院授予“全国劳动模范”称号。2015年，为表彰张衍刚老龄工作的突出贡献，江苏省老龄协会授予张衍刚“江苏省第二届百佳孝星”称号。

第一届“潘楼好人”表彰　　潘楼村村委会　供图

2016年，潘楼村开展“好儿媳”评选活动，刘迎迎、黄丽丽、李文侠、吴庆侠4人当选。同年，张衍刚被全国老龄工作委员会评为“全国敬老爱老助老模范人物”。2018年，潘楼村组织开展“潘楼好人”评选活动，按照助人为乐、尊老爱幼、带头致富、爱岗敬业、和谐邻里等不同类型，根据小组推荐、群众座谈、张榜公示、组织评比，刘迎迎、吴无难、孟勇、吴远远、郭雪峰、孙步荣、罗胜凤、李庆珍、唐影、张刚、徐慧、孙明星、黄丽丽、王怀成、唐德成、魏桂洋、郭帅、刘开菊等18人被评为“潘楼好人”。2018年，“潘楼好人”典型事迹在好人园宣传栏展出，倡导全体村民“人人学习好人、个个争当好人”，让好人精神发扬光大。同年，共青团江苏省委等单位授予潘楼村党总支副书记吴远远“江苏省崇义友善好青年”荣誉称号。2021年，潘楼村开展“励志创业人物”评选活动，耿大庆、唐振民、黄华、杨伟亮、唐路生5人当选；同年，开展“好儿媳”评选活动，魏娟娟、孙明星、罗胜凤3人当选，分别受到村表彰。

好人事迹介绍

孙步荣　女，1957年10月出生，潘楼村三组村民。孙步荣心地善良，乐于助人，无论谁家有事，她与丈夫都主动帮忙。遇到白事，孙步荣忙里忙外给搭灵棚；遇到红事，孙步荣就搬桌搬凳装拱门。每逢谁家有困难，孙步荣就慷慨解囊，帮助人家解决燃眉之急。每到冬天下雪时，孙步荣就主动帮助不能自理的残疾人家庭打扫积雪。当年迈的婆婆生病时，孙步荣就用板车拉着婆婆到医院就医。农闲时，孙步荣组织一部分人到广场跳舞、唱歌，春节期间，带人上台表演节目，用行动丰富村民的精神文化生活。被村民誉为乐于助人的热心人。

李庆珍　女，1961年11月出生，潘楼村三组村民。李庆珍嫁给村民唐德顺时，唐德顺的父母早亡，撇下5男1女，共6个孩子。李庆珍与唐德顺结婚后，就掌管起全家的衣食住行。李庆珍平时省吃俭用从不叫苦，里里外外操持家务从不说累，既要照顾好自己的孩子，又要照顾好弟弟、妹妹们的吃饭、穿衣、上学。弟弟、妹妹结婚、生孩子，事事都由李庆珍主持操办。弟弟、妹妹们成家立业后，都对嫂子十分敬重。李庆珍无私的付出受到村民的称赞：真是老嫂如母啊！

刘开菊　女，1966年5月出生，潘楼村三组村民。刘开菊心地善良，团结左邻右舍，和谐邻里关系。与邻里之间产生一些不愉快的事，总能主动礼让；与人相处总能面带微笑，温和相待。刘开菊善待孤寡老人，每逢节假日总能先想到这些弱势老人，给她们送去礼品，送去温暖。

王怀成　1969年7月出生，潘楼村一组村民。原籍安徽省亳州市蒙城县板桥镇陆圩村。1999年2月，王怀成同潘楼村郭海侠结婚。妻子残疾，岳父母身患重病。为了给岳父母治病，王怀成把自己在外地打工的一点积蓄全部拿出来，又向哥哥借了几千元钱给岳父母治病。20多年间，王怀成把岳父母当作自己的亲生父母一样无微不至照顾，不论刮风下雨，寒冬酷暑，时刻陪伴于身边。王怀成用人间大爱，坚强地撑起家庭一片天，给全家带来幸福和温暖。

唐德成　1971年2月出生，潘楼村二组村民。中共党员，高中文化。2004年，唐德成投资建了一家木材旋切片厂，安排本村劳动力10余人在厂里干活。唐德成自己走上致富路后，鼓励唐德东、李联合、李开景等人发展木材行业，这样几家木材旋切片厂共安排本村劳动力数十人就业，年利润均为20余万元。唐德成自己致富不忘有困难的人，2018年暑假，唐德成拿出5000元钱，资助村民潘某供孩子上学。唐德成成为村民心中无私奉献的好党员。

罗胜凤　女，1973年3月出生，潘楼村一组村民。罗胜凤的婆母已88岁高龄，为了让婆母晚年的生活更好，经常带婆母赶集买衣服，给婆母洗澡、梳头，陪婆母拉家常。罗胜凤不仅孝敬老人，而且疼爱晚辈，侄女高汝楠，父母离异，结婚生育，全部由罗胜凤主持操办，罗胜凤待侄女胜过亲生儿女，是一位尊老爱幼的好村民。

魏桂洋　1973年5月出生，潘楼村一组村民。潘楼村文明代言人。1998—2021年，魏桂洋连续被评为“十星”级文明户，敬老、致富、和谐等方面尤为突出。魏桂洋孝敬父母，做任何事情总和父母商量。父亲患脑梗住院，魏桂洋不分昼夜服侍在身边。2010年，魏桂洋买了大货车拉货，并积极探索电脑配货业务，不断增加客户，成为村中致富带头人。魏桂洋致富不忘村民，在他的带动和指导下，全村已有数十户村民通过电商平台走上致富道路。

郭雪峰　1973年9月出生，潘楼村一组村民。1993年12月入伍，1996年10月加入中国共产党，1996年12月退伍回村。郭雪峰在外地打拼了几年后，决定回村创业，于2009年创办了“环保除尘布袋”加工业。虽是家庭作坊式，也安置了5人就业，以良好的信誉和质量著称，产品销售较好。2014年，郭雪峰主动报名参加村里成立的关爱志愿者服务队，并带领爱人和孩子参加志愿者服务。郭雪峰还自掏资金，为关爱之家捐购凳子50把，供老年人使用。

张　刚　1976年7月生，潘楼村二组村民。1994年，张刚到潘楼村卫生室工作。2003年后，张刚一直担任潘楼卫生室长至今。2008年，张刚加入中国共产党。张刚始终坚持全心全意为人民服务宗旨，踏踏实实做人，兢兢业业干事，公公正正待人，待病人似亲人。爱岗敬业，乐于奉献，甘做患者的贴心人，时时处处发挥着共产党员的先锋模

潘楼村好人园　　潘楼村村委会　供图

范作用。2015年、2017年，张刚分别获得街道、村“优秀共产党员”称号。张刚带领家庭先后获得14次“十星”级文明户荣誉称号。

唐　影　女，1978年6月出生，潘楼村二组村民。1996年7月毕业于江苏省徐州市铜山进修学校。1996年至2004年，在潘楼村办幼儿园任教，2004年9月至2008年7月，在三堡镇中心幼儿园任教，成绩突出多次获奖，被评为优秀园长。2008年9月，为方便本村孩子入园，唐影在村民大力支持下，开办了潘楼村学前教育幼儿园。唐影从事幼教事业26年，以园为家，培育幼教师资队伍，为潘楼村幼教事业做出了贡献，得到村民一致好评。

孟　勇　1979年2月出生，潘楼村三组村民。1999年7月加入中国共产党。1997年11月，孟勇应征入伍，踏进部队大学校。在部队里，孟勇学习坚持高标准，生活保持低标准，认真学习，刻苦锻炼，成为一名优秀士兵。2000年，孟勇退役回村后，看到村里收割机械缺少，村民生产有困难，便购置了1台收割机，主要为本村村民服务。孟勇不单纯为了挣钱，不论在本村还是在外地，看到有困难的农民，都会为他们低价或免费收割。邻里间无论谁家有困难，孟勇都会热心帮助，以助人为乐得到村民交口称赞。

刘迎迎　女，1983年出生，潘楼村二组村民。中共党员。潘楼村文体委员、党小组组长，优秀共产党员。2012年，潘楼村组织成立舞蹈队，刘迎迎积极参加村办联欢晚会、重阳节及三堡街道举办的广场舞大赛等各种活动，带领村民开展以广场舞为主的全民健身运动。刘迎迎热心于公益事业，敬老爱亲，2014年参加了村成立的志愿者服务队，给老年人剪头发，剪指甲，晒被子；陪老年人聊天唠家常。刘迎迎助人为乐，乐于奉献，时时刻刻发挥党员先锋模范作用，全心全意为村民服务。

黄丽丽　女，1984年出生，潘楼村二组村民。黄丽丽为人善良，待人诚恳。黄丽丽全家4口人，公爹去世早，婆母患半身不遂，有时生活不能自理。黄丽丽长期照顾婆婆，经常给婆婆洗澡、梳头、换洗衣服，吃饭时把饭端到婆婆面前，晚上照顾婆婆睡好后才离开。经常忙中抽出时间跟婆母拉家常，开车带婆母赶集，让婆母开心。黄丽丽不但自己孝敬婆母，而且经常教育儿子要孝敬奶奶，听奶奶的话，把家庭美德代代相传。

吴无难　1984年11月出生，潘楼村三组村民。吴无难乐于助人，在徐州汉姆联队任志愿者时，曾资助四川大凉山1名孩子上完小学。2016年2月，吴无难加入村志愿者服务队伍，同年8月14日担任村志愿者服务队队长。吴无难能舍弃自己的小家，服务大家，给许多老年人带来欢乐。百善孝为先，吴无难是这样说的，也是这样做的。他无微不至关爱服务村中老年人，视老人如亲人。

孙明星　女，1985年5月出生，潘楼村三组村民。2013年嫁入潘楼村，育有一子。丈夫常年外出打工，家中全靠她一人操持。公爹去世早，婆婆患有精神分裂症，生活不能自理，在铜山精神康复医院住院治疗。孙明星每天既要操持好家务，辅导孩子作业，还要安排好婆婆的三顿饭，从不间断。每当婆婆精神不好时，还要喂饭，买药喂药，照顾老人起居。多年来，孙明星孝敬婆婆似亲妈，受到众人夸赞。

郭　帅　1986年出生，潘楼村一组村民。2008年加入中国共产党。2009年，郭帅大学毕业后即扎根农村。曾在丰县大沙河果园为果农服务3年，后返乡创业，现任第二党小组组长。郭帅思想进步，积极进取，勤恳实干，大胆创业创新。从2012年起，致力于琉璃艺术灯具及饰品研发，设计、制作产品主销国际市场，同美国、加拿大、墨西哥等国的客户建立长久合作关系。郭帅还将外贸合作方式和经验，提供给村其他行业借鉴。2017年，郭帅参加潘楼村志愿者服务团队，积极参与敬老活动，处处带好头，做好群众榜样。

吴远远　女，1988年12月出生，潘楼村一组村民。中共党员，大专学历，潘楼村党总支副书记。2014年12月，吴远远担任潘楼村社区服务中心服务员，2017年1月，吴远远当选村第十届村民委员会委员。吴远远做事勤奋负责、细心热忱，在家庭中，是一个孝老爱幼、至柔若水的好儿媳、好妻子、好妈妈；在社区，是一名善良淳朴、乐于助人的好同事、好党员、好干部。吴远远常常是工作中第一个到岗，最后一个离岗。志愿者队伍在吴远远的影响下不断壮大。吴远远热心敬老服务，关爱留守儿童，用积善之心诠释了一名优秀党员的入党誓言。2018年，吴远远荣获共青团江苏省委授予的“崇义友善”好青年称号。

徐　慧　女，1991年出生，潘楼村三组村民。徐慧与村民李蒙结婚后，夫妻二人艰苦创业，在左洼村办起一家旋切芯板厂，安排10余名工人到厂里就业。工人敬业，产品质量高，销售渠道好，每年都取得较好的经济效益。徐慧在处理好厂里事务的同时，把所有的家务活全部包下来。徐慧孝敬公婆，把自家和兄弟家共10口人的吃饭、洗衣服等家务全部包揽下来，安排得井井有条，辛劳勤奋，从不言苦，是一位名副其实的好后勤。

潘楼物产　　潘楼村村委会　供图

4 物产美食

潘楼村河塘纵横，水源充足，土地肥沃，适宜蔬果种植。时蔬及皇冠梨、葡萄、食用菌等，成为生态农业的主要物产，并以优良品质销售徐州及南京市区。潘楼村的传统美食，世代传承，烙馍、包子、咸菜等地方小吃，依然是百姓餐桌上常见的传统主食；糖醋鲤鱼、铁锅炖老鹅等传统佳肴，不断在传承中创新，既是远方游子的乡愁记忆，也是游客打卡的首选美食。

地方物产

皇冠梨

1998年，潘楼村进行农业产业结构调整时，从河北省引进优质皇冠梨树苗，分给村民栽植，面积约350亩。该品种具有早熟、优质、抗病、丰产等特点，肉洁白、质细腻、松脆、残渣少，风味酸甜，香味浓郁。一般单果质量350克左右，含糖量12.3%，盛果期株产50—60千克，亩产2000—2500千克，8月上旬上市，9月底摘果结束，亩产效益3000余元。皇冠梨已成为潘楼村农民致富的一个产业。潘楼及房村皇冠梨已成为铜山地标产品，荣获“全国十大名梨”称号。2021年，村皇冠梨面积170亩，每亩效益1万—1.2万元，全村皇冠梨收益180万元。

食用菌

自80年代起，潘楼村开始种植食用菌，主要品种为平菇、草菇。90年代起，开始种植金针菇、鸡腿菇等品种。2010年后，食用菌主要品种为蘑菇、鸡腿菇、金针菇，逐步发展香菇、富硒花菇、双孢蘑菇等。2016年起，潘楼村开始缩小蔬菜种植面积，扩大菌种种植规模，发展种植黑皮鸡枞菇等营养价值高、经济效益好的食用菌。产品主要销往南京等地。2021年，全村种植菌菇60亩，每亩收益2.5万—3万元，全村菌菇收益150多万元。

葡萄

2010年后，潘楼村逐步加大产业结构调整力度，大幅度减少粮食面积，扩大蔬菜和林果面积。在发展蔬菜的同时，开始大面积种植葡萄，主要有产量高、效益好的青提、红提和大马奶子等品种，均收到较好的经济效益。2019年，部分农户开始引进欧美杂交新品种阳光玫瑰，该品种具有高产、粒大、肉鲜、汁甜、耐储、抗病等特点，质感优越，效益明显，是村民的优选品种。2021年，全村葡萄面积80亩，每亩效益3万元，全村葡萄收益240多万元。

村民采摘葡萄　仇彬　摄

游客采摘皇冠梨　潘楼村村委会　供图

种植户探讨菌菇高产技术　　潘楼村村委会　供图

风味美食

潘楼美食

地方小吃

烙馍 也叫单饼，潘楼村传统面食。先将面粉放入和面盆中，倒入水。用手掺和揉搓，将面揉至柔软，饧一会，然后揪成鸭蛋大小，撒上面馎，揉成面剂子。用擀面棍擀。先是旋擀，擀成圆形，大小与鏊子相当。放在热鏊子上，用竹（或铁）擗子翻，经过三次翻烙，饼面起泡，无糊花即成，食之柔软筋道。

拍打 也称龟打，是潘楼村传统面食。将发酵好的面团，拍成厚约2厘米、直径约18厘米的面饼，放在铁锅或鏊子上烙炕成熟，即可食用。

喝饼 是潘楼村60年代前一般村民的家常主食。铁锅中放入适量的水烧热，把和好的面拍成形状、大小如巴掌的面饼，贴入热锅的周围，贴熟即可食用。80年代后，在炖鱼、炖肉时，贴上喝饼，饼熟肉烂，味道相融。喝饼一面柔软爽滑，一面酥脆可口。

煎包 蒸包 传统面食。主要食材为面粉、食用油、各类馅料。煎包做法，将面粉倒入盆中，加入适量的水和酵母粉，和成面团，放入盆中盖好发酵。馅料根据需要制作。面团发好后，稍作揉搓，再盖好饧发十余分钟。将饧好的面揪剂擀皮包馅，状如饺子大小。将包好的包子放入平锅（或电饼铛）中，再饧十余分钟后，锅中加水（根据料馅荤素所需时间长短加水量），开火将水熬干，锅中溜适量食用油，油干后再将搅拌好的鸡蛋液倒入锅中，蛋液呈金黄色即可出锅。将煎包翻到盘中，宛如金质圆盘，色香诱人。蒸包，包好的包子放入蒸锅中饧十余分钟后，开火蒸熟，即可食用。潘楼村郭红亚的包子颇负盛名。

馓子 油条 油炸食品。主要食材有精面粉、鸡蛋等。馓子做法，用适量的面粉、鸡蛋、水、酵母粉和面，放在盆中，盖上盖子醒发。面发好后，揉搓成条块，抹上油继续醒发。充分醒发好的面条，双手缠绕反复拽拉，直至又细又匀为止。把拉好的面放入油锅，炸至金黄即可。油条做法，用充分饧发好的面，切成小块，擀成长条面皮，再把面皮横切成等宽的小长条，用一块长方形木板的一边，在面条的中间压一道痕，然后把面条拉到一定长度，放入油锅，定型后翻动几次，炸至金黄即可。外酥内空，香脆可口。潘楼村周彦召和周彦廷炸的馓子、油条最为人称道。

麻叶子　油炸食品，又称炸果坯子，式样有长方形、平行四边形、棱形、三角形等，根据爱好而定。一般为咸、甜和淡三个口味，统称炸果。甜、咸皆酥脆可口，是农村过年必备的节日食品。主要原料：细麦面、糯米面或黏高粱面、发面或苏打粉、芝麻、食油、白糖等。将面粉放入盆里，倒入凉水、白糖或食盐，发面（或苏打粉），加入少许食油，掺和搓揉，硬度如擀面条的面，捏成馒头状，上锅蒸熟，面凉后放在桌上用擀面棍均匀擀薄，厚度如饺子皮。切成各种形状，单层摆放，放在阳光下晒干，即成炸果坯子。热油锅里炸熟，呈金黄色捞出即可食用，香甜酥脆。

双色翠素饼　主要食材：荠菜、槐花。配料：花椒、大茴面、姜、葱、鸡蛋、面粉、盐、鸡精、味精。采用本地田间新鲜荠菜和槐花，粗加工后，用清水洗净凉干。用精面粉、鸡蛋、花椒面、大茴面、荠菜末、槐花做成小饼，放入5—6成温油中炸制，出菜时把油温升高，把饼炸酥，配上大骨老鸡调制的高汤。素饼皮酥内脆，高汤奶白鲜亮。

菜煎饼　亦称煎饼馃子、菜盒子。主要食材：煎饼，时令蔬菜等。将烙好的煎饼备用。把时令蔬菜切丝，放上葱花、姜末、油盐等，搅拌均匀。将调好的菜料卷入煎饼中，放入锅中煎制。待煎饼金黄，即可出锅装盘，切块食用。

家常小菜

萝卜干　秋季将萝卜（红萝卜较好）切成条状，放入盆中，撒上食用盐，第二天用手揉搓，盆中出现很多汤汁，放在阳光下晾晒。每日揉搓三遍。水分晾干后，再摆放在阳光下晒干。用五香粉等作料揉搓在萝卜干上，存放于盆罐中，可长时间食用。

盐豆　萝卜豆　主要食材有黄豆、生姜、食盐和辣椒面。首先选好黄豆，泡一夜。捞出煮熟后，装进坛子或塑料袋子中，封好口，用

地方小吃　　潘楼村村委会　供图

旧衣物裹上发酵，捂至长满长长的白丝。出坛后，配上食盐、姜丝、辣椒面、花椒面等佐料，即可食用。还可以在调好的盐豆中放入萝卜片，萝卜腌出水分成汤豆，味道鲜美。到春季将汤豆在锅中熬干汤汁，晒干，可供家庭长期食用。

老酱　主要食材为一般杂粮面。每到春天刮柳絮前，家家都会蒸上一些窝窝头，放在坛子里捂上使之发霉，然后捣碎，加入辣椒面，掺水，放在沙盆里晒。晒好后储存好，可做一年的菜食调料。自家晒的老酱，颜色暗紫，醇香浓郁，是老年人怀念的味道。

老咸菜　秋季将咸菜疙瘩（有地方称辣疙瘩）削净尾部根须，洗干净切成四至六瓣，放入缸中，倒上清水，水要漫过菜疙瘩，然后按适当比例在上面撒上大粒食盐，腌制一冬天，其间要翻动几次。到春天，将菜疙瘩捞出晾晒。晒干后上锅熬煮，并配以辣姜、花椒、大茴等佐料，如放上一块猪膘肉尤佳。再用文火熬至十小时以上出锅。咸菜黑中透亮，咸香可口，过夏不霉，可长期食用。

美味佳肴

春卷　将鸡蛋搅拌成均匀的液体，锅中放入少量的食用油，做成均匀的薄蛋饼。用春韭、粉丝、葱花、姜末、香菜及鸡精等调制成馅料（馅料可根据口味自行调制）。把馅料卷入蛋饼中，用淀粉浆封口。锅中放入适量的食油，油温80℃左右时，将蛋卷放入油锅炸制，蛋卷略呈暗黄色即可捞出，斩段装盘食用。外皮金黄，馅料翠绿，营养丰富，老少皆宜。

千子　将泡好的粉丝切碎，放入葱花、姜末、五香粉等佐料，用山芋面粉和成面团，再搓成长20厘米、直径3厘米左右的柱体，用薄鸡蛋饼包裹。然后，放置锅中蒸熟。起锅凉透，切成片状，用青菜清炖，即可食用。

盐豆炒蛋　主要食材为盐豆、鸡蛋或鸭蛋。锅中放入适量食用油，油热后放入葱姜等佐料，再放入盐豆煸炒，然后倒入蛋液，炒熟即可入盘。淡淡的豆臭与浓浓的蛋香相融合，独具风味。

干煸金蝉　将金蝉用清水洗净，放入食盐、花椒、葱、姜腌至数小时入味。铁锅中放入适量食用油，油热后放入金蝉，其余佐料去掉。边翻炒边用铲子压扁金蝉，至每个金蝉都被压扁。煎至酥黄即可出锅装盘。干煸金蝉肉质紧实，入口纯美，外皮酥脆，可明目。

糖醋鲤鱼　将2—3斤红尾鲤鱼刮去鱼鳞，清理内脏，洗净后将鲤鱼两面片上花刀，刀口搓上少量的鸡蛋、鸡精、食盐、料酒、淀粉等腌制几分钟，除腥增鲜。当锅中油温达100℃左右时，手提鱼尾放入油中，定型后炸至金黄色即可出锅。用砂糖、食醋、鸡精、番茄汁熬制成浓浓的料汁。将炸好的鲤鱼放入盘中，浇上糖醋料汁，即可食用。鱼香浓郁，酸甜可口。

素丸子 四喜丸子　素丸子是一般农家过节时常做的油炸食品。主要食材为红萝卜、粉丝、面粉，佐料有大葱、姜末、五香粉和胡椒面等。把萝卜洗净、切丝、斩丁，把粉丝泡发剁碎，连同面粉、佐料放入盆中，加入适量清水，搅拌均匀，和成面团。待锅中油热后，将面揪成蛋黄大小圆球放入锅中，炸至表面金黄即可出锅。外脆内嫩，鲜香可口。四喜丸子，为宴席佳肴。主要食材为精肉，配以葱、姜、五香粉、胡椒粉等佐料。将精肉洗净，用绞肉机打碎（用钢刀剁碎尤好），加入少量淀粉和配料，搅拌均匀。用手捏成鹅蛋大小肉团，定型后放入笼中蒸熟出锅。食用时，配以调制汤料，放入盆中，每盆四枚，故名四喜丸子，寓吉祥如意。其味肥而不腻，清爽鲜美。

铁锅炖老鹅　主要食材：鲜活老鹅1只。配料：花椒、大茴、干红椒、葱、老姜、黄酒、老抽、精盐、鸡精、味精、白糖、黑胡椒、秘制酱料。采用2年以上8—9斤活鹅，现杀，剁块，清水泡去血水。铁锅烧热后放入猪油、葱姜、花椒、大茴、辣椒，爆至老鹅出油，倒入料酒、老抽和秘制酱料，加入高汤。木柴火炖1小时以上，鹅肉成熟，汤汁浓郁，色泽鲜亮。老鹅脂肪含量低，肉质鲜美，铁锅炖制，味道纯正，适宜大众口感。

砂锅大鱼头　主要食材：花鲢鱼1条。配料：花椒、大茴、干红椒、蒜子、生姜、葱、香菜、芹菜、黄酒、米醋、盐、鸡精、味精、白糖、胡椒面、自制三合油。鲜活花鲢鱼去鳞，杀好，清水洗净，剁去鱼尾，用鱼头3.6—4斤，锅中放入大油、蒜子、葱、姜、辣椒段、川花椒、大茴，炸香放入鱼头，倒入料酒和锅边醋及自制三合油，加入高汤和老豆腐，然后倒入砂锅，文火烧20分钟以上。汤汁浓艳色亮，鱼肉鲜香，豆腐起泡入味。

“情暖重阳，孝满潘楼”活动　潘楼村村委会　供图

5 乡土文化

潘楼村乡土文化具有徐州地区文化的鲜明特色，散发着浓郁的乡土气息。传统的民间工艺是农耕文明劳动人民智慧的结晶，民间文艺、故事传说寄寓了劳苦大众对美好生活的向往。方言为北方方言，属于典型的徐州地区语音。歌谣俗语鲜活生动，诙谐有趣。

民间工艺

剪纸 民间的一种传统艺术，大多出自妇女之手。作为一种业余爱好，在生产劳动之余剪窗花、剪虫鱼、剪人物等。每逢男婚女嫁之时，便剪出“喜”“鸳鸯”“二龙戏珠”之类的剪纸贴在新房或家具上，以求吉利。潘楼村剪纸人较多，较有名气的有刘光建、耿广恩、桑玉华、杨华玲等。

扎纸 一种民间艺术。所扎的类型有人物、牛、驴、羊、马、鸡、花轿、汽车、自行车、家具、家电等，造型逼真，颜色搭配得当，手工精湛。潘楼村原二组村民刘光辉手艺尤为精湛。

木工 潘楼村的传统木工，主要为本村村民或邻村亲朋做一些生产工具和生活用具等。生产工具如四轱辘大车、平板车、独轮车、犁耙等，生活用具如桌、椅、板凳、橱柜等。还有建房时安装叉梁门窗、婚嫁时做婚床嫁妆等。潘楼村木工手艺较好的有郭大本、魏玉山、魏孝仁、刘文连、张书廷、高永尧、高圣坤、郭大勋。90年代后这项手艺逐渐消失。

铁匠 铁匠炉又称为“红炉”，产品以日用小五金为主，其中铁制用具比较广泛，如剪刀、菜刀、锥子、锅、铲、火钩、火钳、铁盆、铁桶、帐钩，以及简单的农用生产工具锹、锤、锄、镰等。产品在本地销售。潘楼村从事铁匠的有刘明华、刘永权等。90年代后这项手艺逐渐消失。

条编 村民传统的手工编织工艺。主要材料有蜡条、柳条（俗称簸箕柳）、紫穗槐条等。编织成品主要有笆斗、筐篮、条笆等生产生活用品。潘楼村条编手艺较好的有张荣兰、张文彬、张永才、张永华、段成云、张荣军等。80年代末这项手艺逐渐消失。

苇编 用沟渠河塘的芦苇，去皮，碾压成条，用来编织成供人休息的芦席、囤粮的折子及盛物的篓子等生活用品。潘楼村苇编手艺较好的有张继坤、朱兆云和张景龙。80年代末这项手艺逐渐消失。

纺织 用本地产的棉花轧花去棉籽，弹

剪纸　　潘楼村村委会　供图

好后，用高粱顶头秸秆，将棉花搓成直径6厘米、长30厘米左右的条筒状，用手摇土纺车纺成土线。将土线用面浆浆好后，用古老的木机织成布（俗称老粗布），每张机一天能织6米左右。所织布匹除自家穿衣做被外，剩余的还可到集市或遛乡叫卖。潘楼村用古老木机织布的主要有周彦明、秦大礼、沈玉朋、金庆芳等户。70年代末土织布机逐渐被淘汰。

编织　　潘楼村村委会　供图

纺织　　潘楼村村委会　供图

花棍 又称“莲花落”“莲花乐”，流传已久。表演者男女各半，头扎花巾，身着褂裤，腰系绸带，手执竹节花棍，在音乐中以花棍击肩、背、手、脚各部位，边跳边唱，表演各种舞蹈动作。每年春会期间的保留节目。

旱船 又名“花船”“耍旱船”“玩花船”，是一种古老的民间传统舞蹈。多于节日、庆典、庙会时在街边、村头、广场演出。形式多为一篙一船单渡，有时根据需要群舟共同表演，动作交相呼应。

跑驴 有“单赶驴”“双赶驴”之分。“单赶驴”表演者一婆一妻一夫，表现三者之间的关系，最后婆媳和睦相处，丈夫赶着驴回家。

踩高跷 多在传统节日、庙会上表演。表演者脚上绑着长木跷进行演出，技艺性强，形式活泼多样，演出形式有一字长蛇阵单列、双人队形并列等，有小旋风、花膀子、鹞子翻身、大劈叉等险难动作。

花鼓 舞者男挎花鼓，女手持扇子、手帕，在清脆多变的鼓点伴奏下，翩翩起舞，气氛炽热奔放，活泼可喜。中华人民共和国成立前，农村文化生活很匮乏，每当农闲时有别地的艺人来潘楼村演唱，演唱的曲艺有琴书、大鼓、渔鼓、坠子等。潘楼村每年春会，花鼓也是传统节目。

拉魂腔 群众喜爱的剧种之一。该剧种演唱服装道具简单，多在集市、庙会演出。拉魂腔为单声腔体系，基本上是以男女分腔。男腔高亢粗犷，女腔委婉华丽。后改称柳琴戏。1960年，潘楼村组织成立柳琴剧团。每年秋收结束进入冬闲，凡村内爱好文艺的青年，自觉自愿地参加村组织的文艺宣传队排练演出。大年三十的晚上，先在本村演出，其后晚上经常到邻近的左洼、三环、桃山、苏湖、杨楼、刁店、黄桥等村演出。参加演出的主要演员有李洪山、宋大礼、张书玲、刘玉兰、刘素玲、周彦礼等10余人。演出的传统剧目有《借年》《喝面叶》《秦香莲》等。1968年，潘楼村柳琴剧团改为梆子剧团。演出的现代剧目有《社长的女儿》《红灯记》《龙江颂》等。这种文化生活到70年代末结束。

传统游艺

举石　明、清之际，民间盛行举石锁、石担等练力活动。民国时期，一些学武的人也常用这种方法练力。中华人民共和国成立后，部分青年仍常用此活动锻炼身体。

拔河　拔河活动开展已久。潘楼村常在春节时组织各村民小组开展拔河比赛活动。

跳绳　跳绳活动早在明、清时期已广泛流行，取暖健身，至今不衰。不少中小学冬季常举行小组或班级比赛。潘楼村多年来在春节时举行跳绳比赛。

斗鸡　这种游戏通常两个儿童进行。两个人拉开一定的距离，相对，各自一条腿站立，两手端平另一条腿，膝盖朝前，蹦着冲向对方，用端着的膝盖碰撞，倒者（或手松开腿脚放下来者）败，不倒者胜。

斗营　这种游戏参加的人数不等，少则几个人，多则二三十人，但必须为双数。活动的方法是参加斗营的人排成一排横队，然后报数，单数为一组，双数为一组。两组人，各自手拉着手排成一排横队，两队相对站立，拉开十多米的距离。一组选出一名力气大动作敏捷的人冲向另一队。冲过去胜，回原队。冲不过去败，不能回原队，要留在胜队，然后再换另一队选人冲向防队，轮番进行。冲者猛冲，不冲者皆呐喊助威。最后以冲过去的人为胜。

八段锦　民间广泛流传的一种健身体操，流行于宋、元、明、清。八段锦歌诀是：“两手擎天理三焦，左右开弓似射雕。调理脾胃单举手，五劳七伤往后瞧。攒拳怒目增气力，两手攀足固肾腰。摇头摆尾去心火，背后七颠百病消。”现在仍有部分中老年人以此作为健身活动。

踢毽子　明、清时期，踢毽子活动已普及。民国至“文化大革命”期间，学校上体育课和课外活动，学生常常踢毽子。现在潘楼村少年儿童中仍普遍流行踢毽子活动，尤其在冬季还可健身取暖。

拾石子　两孩童对面席地而坐，各备相同数个石子。一枚石子掷到空中，其余石子撒在地上，用不同方法拾到地上的石子，并接到空中的石子为胜。

砸阎王　三人以上游戏，在场地上立石片，三人立二块，四人立三块……中间的一块略大为“阎王”，两边的略小为“小鬼”，在五至六米远的地方画一横线为“瞄扛”，人人都站在“阎王、小鬼”一侧，每人手执一块石片为老磕，各人投向瞄扛，以距“扛”的远近区分头将、二将……然后站在“扛”上依次打“阎王”，谁先击倒中间立石为“阎王”，击倒两侧的立石为“小鬼”，没有击着的一人为“贼”。“小鬼”扭着“贼”的耳朵，“鬼”多再扭鼻子，按头，围着场地转一圈，“小鬼”问：“阎王阎王在家吗？”“阎王”故意回答：“没有。”然后再扭着转一圈，再问再答。直到“阎王”回答在家方停，用上述方法继续进行。

猫捉老鼠　这种游戏也叫“老鼠钻十八洞”，参加的人数不等，少则几个人，多则几十个人。先选出若干名动作敏捷、反应快的人当作“老鼠”和“猫”（根据参加活动的人数而定“老鼠”和“猫”的多少）。其余的人两臂向两侧伸开端平，手拉手站成一个圆圈（两个人之间就是一个洞）。当“猫”的人站在圆圈外围，准备捉“老鼠”。当“老鼠”的人站在圆圈里面，先钻三洞（这三洞就是“猫”不捉“老鼠”也表示钻洞开始）。钻洞开始，当“老鼠”的要眼观六路，耳听八方，瞅准机会，猛然向某个“猫”防守较弱的洞冲去，这时所有的“猫”都会随之向“老鼠”冲去的方向跑去。此时“老鼠”若判定能钻过去就钻，若判定钻不过去，便猛然调转方向，给“猫”来个措手不及。若“老鼠”在钻洞时被“猫”用手拍着了后背（但不得把手伸到圆圈里边拍“老鼠”的后背），就算“老鼠”被“猫”捉住了，“老鼠”回到圆圈内唱支歌或是学声狗叫，再换人当“老鼠”。如若“老鼠”总共钻了十八洞没有被“猫”捉住，“猫”就算是失败了，也要回到圆圈内唱支歌或是学动物的叫声，然后再换人当“猫”。

官打捉贼　由四人参与的游戏活动。在四张纸片上分别写上“官、打、捉、贼”四个字，然后将纸片团成纸球，每人捡一个纸球为“抓阄”。“官”发指令，“打”执行指令。“捉”是猜贼的人，“贼”是被猜的人。当“捉”猜准“贼”，“贼”则挨罚。猜不准，“捉”则挨罚。罚的方法有打手、打腚、打“鼻子眼”。打“鼻子眼”是被打者先用一只手食指指着自己的鼻子，另一只手，由打者握住。打者在同一时间发令（鼻子、眼、嘴、耳朵）并打“贼”的手，被打者察言观色同时猜摸，摸不准，继续打，直至摸准，如此反复进行。

故事传说

打响场　潘楼村曾流传着打响场的故事。传说在元末明初，潘楼村的富户潘家和刘家合建响场，地址在村中心刘台子。响场的建造是在地面挖坑，坑内搭上木质框架，有两米之高，木架上面铺上木板，木板下面挂上许多铃铛，是一座浮场，场地面积有一

“龙汪”今貌　　潘楼村村委会　供图

亩半之多。麦收时节，将收割下来的麦稞摊晒在响场木板上，麦子晒干后，套上骡马拉起石磙碾轧打场。因木板下垂吊着铜铃，骡马脖子上、绺头上戴着铃铛，当骡马拉动石磙在响场上滚动时，铃铛随着统一节奏响起来。有时几套骡马列队成阵，奋蹄驰骋，场面蔚为壮观。赶场人的吆喝声，骡马的嘶叫声，“啪啪”的甩鞭声，人们的喝彩声，加上铃铛声，融汇交织，形成优美的交响乐。打响场耗资巨大，用工繁多，即使富家大户，也不是家家能打得了响场的。据说，潘楼响场于清乾隆年间拆除，但“打响场”的故事至今仍在潘楼村一带流传和演绎着。

智袭卡点　潘楼村西南六七里远的地方，有个三环村。潘楼村民刘文彬打日军的故事就发生在这里。1938年夏，侵华日军占领徐州。为保铁路运输安全，桃山车站驻守一班日军，并在三环村小桥上设卡，对地方抗日武装造成威胁，当地军民早想拔掉这个卡点。深秋的一天，刘文彬吃过早饭，换上贴身衣裤，穿上跟脚布鞋，扎上腰带，别上手枪，披上棉袍，便朝西南方向走去。他很快来到三环村，很远就望见日军的岗哨，桥南桥北各有一个手握长枪的哨兵，来回走动，刺刀闪亮。刘文彬在村后稍作徘徊，一来查看地形，二来寻思如何下手。机会来了，刘文彬看到一辆大车从北边过来，车里坐着一位新娘子，像新人回娘家的样子。看看这车离小桥越来越近，刘文彬急中生智，紧走几步，赶上车子，手扶车把装作新人亲戚，与赶车人攀谈起来。说话间来到哨卡跟前，在日军兵刚要拦车上前盘查的瞬间，刘文彬伸手拔枪，对准哨兵“叭！叭！”两枪，日本哨兵应声倒地。说时迟，那时快，刘文彬接着又对准桥南头的哨兵连开两枪，没有命中，桥南的哨兵顺河西逃。由于事发突然，赶车人和新娘子都被吓得目瞪口呆。刘文彬打发赶车人走开后，回头瞅了一眼躺在地上的哨兵，用脚踢了踢，无动静，便捡起三八大盖枪倒背在肩上，披上棉袍顺着河床向东跑去，一直来到左洼村东。村东有一条排水沟通向灌河，刘文彬顺着河沟回到潘楼家中。刘文彬智勇双全，后参加革命，在新四军第三师二十五团三营先后任侦察排长、侦察参谋。1944年，在洋河战役中壮烈牺牲。

玩石讨债　清同治年间，潘楼村的沈

万一人高马大，自幼练就一身好功夫。有一年春天，老沈和儿子一起去山东讨债，在离债家不远的地方找个客栈住了下来。此前去了几次都是空手而归。第二天他来到债家说明来意，债家客气地说："你看近几年收成不好，小本生意又冷清，家中一时又拿不出现钱，望能宽限几日。"沈万一再一次讨不到钱，父子俩沮丧地回到客栈。老沈心中盘算，来到山东好多天了，债又讨不回来，盘缠也快用完了，想到此处心中不禁有些烦闷。这天吃过晚饭，沈万一同儿子到外边闲走散心，爷俩来到麦场上，场边有一些人在说笑。父子俩转了一转，儿子便坐到场边的石磙上休歇。沈万一对儿子说："你甭坐了，咱爷俩玩两下这个石磙吧，你到场那头去，我把石磙抛给你，你接着之后再抛给我。"于是，父子俩就这样抛来抛去。这一来，惊动场边上看热闹的人，有的用力鼓掌，有的高声喝彩。沈万一父子抛石磙一事，很快传到债家耳朵里。债家暗暗思忖："一个石磙几百斤，能抛来抛去，如此身手，绝非等闲之辈，我还是赶快凑钱把债还了，省得惹事。"债家很快凑齐银两，交到沈万一手中。

龙汪　灌沟村西有一芦苇滩，人称"龙汪"。传说汉王刘邦亲率50万兵马，攻打项羽所在地彭城。项羽采纳范增的计谋，亲自率3万精兵袭击汉营。汉兵正在安营扎寨，还没有来得及拿起兵器，就被楚兵杀得晕头转向，大败溃逃。刘邦无法控制住军队，也混在乱军中向南溃逃，后边楚兵穷追不舍。刘邦一路急逃，不知不觉中跑到了灌沟村西头，看到一片芦苇塘，就急忙躲了进去。正巧芦苇塘中间有一口枯井，一人多深，刘邦跳进枯井中蹲下身子，屏住气息。枯井四周的芦苇和杂草把枯井口遮得严严实实。这时，几只斑鸠飞来，站在芦苇梢头嬉戏跳跃，嘴里还不停"咕咕"叫着。当追兵追到芦苇塘边一看，一个头目模样的楚兵说："这里没有刘邦，如果有，斑鸠鸟一定会被吓跑的，我们快向村里搜查去。"于是，追兵向村中走去。刘邦在芦苇丛中听到楚兵渐渐走远了，从芦苇丛中钻出来。几只斑鸠鸟也飞向了远方。刘邦望着远飞的斑鸠鸟，自言自语：“斑鸠呀，斑鸠，你护驾有功，将来朕一定封你为神鸟。”说罢，刘邦急忙向西逃去。后来，刘邦登基后，下一道圣旨，封斑鸠为神鸟，并昭告天下不得捕杀神鸟斑鸠。后人曾留下一首诗：灌沟村头芦苇塘，汉王刘邦隐身藏。芦苇纵横遮王体，斑鸠嬉戏芦梢上。追兵不疑远离去，刘邦脱难离芦塘。斑鸠救驾封神鸟，芦塘护主称龙汪。

皇藏屋　传说刘邦从灌沟村西头芦苇塘出来向西走去，前面三四里处有一茅草屋。刘邦心想：“如果追兵转回来，我就麻烦了。”于是，刘邦就快步向茅屋走去。走到茅屋前一看，这座茅屋坐北朝南，一间大小，一人多高，土墙草顶，屋后的墙壁烂一个大洞。刘邦正在观看时，忽然听到灌沟村头传来追兵人喊马叫之声。刘邦急忙从后壁烂墙洞钻了进去。屋内枯草和玉米秸已霉烂，发出一股恶臭气味，蜘蛛网纵横交错挂满屋。刘邦急忙搬开一捆玉米秸钻了进去。追兵来到茅屋门前，一个追兵伸头向屋内一看，一股霉烂臭味扑鼻而来，蜘蛛网挂满了头上，于是大声呼喊：“屋内无人！”这一声呼喊，惊动了门前枯草丛中的野兔，爬起来一溜烟向南奔去。追兵们一看急喊：“快上马，射只野兔辣顿馋。”于是，众楚兵催马握箭向南追赶野兔去了。刘邦听到楚兵的呼喊声和马蹄声渐渐地远去了，消失了，从屋后的破墙洞里钻出来，整理一下衣衫，准备向西走去。这时从正北方跑来十几匹战马，马上骑着兵将，后边还跟着数匹空马。刘邦一看，吓得惊慌失措，急忙要向西跑。只听兵将高喊：“我主不要惊慌，我等是来救驾的。”刘邦一听停住脚步。霎时，跑来的兵将翻身下马，来到刘邦眼前，双膝跪下叩头：“臣等救驾来迟，使我主受惊了，臣罪该万死，望我主宽恕！”刘邦慌忙走上前去，伸出双手，搀扶众人：“众爱卿快快请起！”众兵将站起，其中一位头领从身后牵来一匹马说：“我主快骑上马，我们一道向西南大山里和其他的兵将会合。”刘邦上了战马，在十几个兵将的护卫下，向西南皇藏峪方向跑去。后人把这茅草屋称为皇藏屋，并赋诗赞扬：荒野茅屋一间房，乱草残缺断壁墙。枯草霉烂腥臭气，蛛网纵横挂满墙。刘邦避难枯草里，敌兵不疑追兔忙。茅屋护驾立奇功，皇藏屋名千古扬。

斩龙脉　传说明洪武四年（1371）春的一天夜里，大明朝皇帝朱元璋做了一个惊魂之梦。第二天早朝，文武百官参拜完毕后，朱元璋道："哪位爱卿能给孤家解个梦？"这时，文班中走出军师刘伯温，上前跪下道："臣能解我主之梦，请我主详说梦中之情。"朱元璋高兴地说："刘爱卿请起。"于是，便把梦见一条大蛇夺他玉玺的经过讲了一遍。刘伯温听了大惊道："此梦不祥也。"朱元璋说："怎个不祥？"刘伯温说："蛇属龙之类，玉玺代表江山，蛇夺玉玺，就是龙夺江山。"朱元璋便说："刘爱卿可有破解之法？"刘伯温说："请我主赐我一把尚方宝剑，让我云游天下，用尚方宝剑把天下龙脉都斩断，保我主江山千秋无事。"朱元璋听后，赐刘伯温尚方宝剑一把。一天，刘伯温来到灌沟河畔灌沟村，西望群山逶迤，五湖七泉之水流入灌沟河；再看东南，一股祥雾冉冉上升。刘伯温心中暗想："此乃帝王之宝地啊！"于是拿出尚方宝剑，命令地保在村子东南角打一眼井，斩断龙脉，破掉帝王之风水。井打到一半时，只见从地下钻出一条苍龙向北方腾云而去，刘伯温仗剑追赶。一直追到长城，苍龙被刘伯温一剑砍掉尾巴，秃尾巴龙一头扎到关外。后人传下一首歌谣：五湖七泉汇灌沟，地灵人杰驻千秋。一朝打井破风水，来日水灾迭不休。

民间歌谣

植树歌

二月里来好风光，家家户户植树忙。
三年五载长成材，十年八载作栋梁。
岸边低堰栽杨柳，山地陡坡果成行。
道路两旁植松柏，美化环境最适当。
宅前屋后种桑树，养蚕作料两用场。
庭院内外葡萄架，梧桐树上落凤凰。

数九歌

一九二九不出手，三九四九凌上走，
五九和六九，河边插杨柳。
七九冰冻开，八九燕归来。
九九八十一，猫狗行阴地。
九九加一九，耕牛遍地走。
数完天九数地九，地九数完麦到手。

红缨枪

儿童团，把哨放，手里端着红缨枪。
红缨枪，扛肩上，我当战士打东洋。
长枪短枪轻机枪，乒乒乒、铛铛铛。
打得鬼子无处藏，乒乒乒、铛铛铛。
打得鬼子喊爹娘，乒乒乒、铛铛铛；
鬼子鬼子快投降，不然叫你见阎王。

八路军真勇敢

八路军，真勇敢，个个都是钢铁汉。
只要一声军令下，一夜能闯九重山。
拖不垮，打不烂，人人都是英雄汉。

解放军打大炮

解放军，扛大炮，一夜打通陇海道；
陇海道，摆战场，打完八义集打碾庄；
打了碾庄向西走，一炮打到徐州府；
徐州府，被攻陷，打完江北打江南。

游击队是神兵

游击队，是神兵，来无影，去无踪；
打得鬼子转了向，不知南北和西东。

哥放风筝妹捻线

哥放风筝妹捻线，风筝无线难上天。
哥是风筝妹是线，飞到天边意相连。
妹妹开河哥修桥，桥恋河水水恋桥。
河水有桥连两岸，哥妹有情心一条。
妹似流水情不断，哥是桥桩不动摇。

太阳出来往东落

太阳出来往东落，听我唱个颠倒歌。
河里撑船撵兔子，高高山上鱼垒窝。
兔子扶狗虎吓跑，老驴爬树赛过猫。
东西大路南北走，出门碰见人咬狗。
拾起狗头去砸砖，砸得稀泥一溜烟。
满天星星下小雨，树梢不动刮大风。
颠倒歌来歌颠倒，唱出歌来人人笑。

石榴树

石榴树，开红花，今天我到姥姥家。
戴上爸爸工作帽，挂上妈妈大红花；
骑上我的小竹马，抱着我的布娃娃。
泼剌剌，泼剌剌，转眼工夫到了家。
表哥一见大声叫，姥姥一见哈哈笑；
表哥姥姥齐欢迎，劳动模范到家了。

唐僧骑马噔噔噔

唐僧骑马噔噔噔，后面跟个孙悟空。
孙悟空，跑得快，后面跟个猪八戒。
猪八戒，鼻子长，后面跟个沙和尚。
沙和尚，挑着箩，后面跟个老妖魔。
老妖魔，真是坏，骗了唐僧骗八戒，
唐僧八戒太糊涂，是妖是魔分不出。
分不出，上了当，多亏悟空眼睛亮。
眼睛亮，闪金光，高高举起金箍棒。
金箍棒，有力量，妖魔鬼怪一扫光。

新民谣

人说潘楼好风光，地肥水美五谷香。
站在那高处往下望，
哗啦啦的灌河水流过我村庄。

潘楼隆源河

村内逍遥水一湾，春风秋韵总流连。
常来河边观鱼戏，每到树下听鸟喧。
霞落水中清波荡，柳摇重雾总含烟。
蓬莱虽好何处寻，怎若嬉戏在隆源。

摩尔庄园

绿水涟涟几道弯，琼楼栋栋栉比连。
花分红紫幽香气，霞映绿柳荡紫烟。
天籁音清凭意静，人生味永靠心宽。
桃源即便有处寻，怎比庄园待醉眠。

赞潘楼

斗转星移沧桑变，迅雷开宇异从前。
波澜水彩三千色，画展隆源十二湾。
翠影有叠烟波荡，琼楼千栋紧相连。
他年再得龙飞地，更有潘楼俏姿颜。

方言俗语

方言释义

【拐】不擅交际，脾气不好。

【嚼】骂。

【管】行，可以。

【局】拒绝、顶撞。

【淤】溢出。

【控】使口儿朝下，倒出里面的东西，使液体慢慢流下来。

【嚷】批评、训斥。

【暄】物体内部空隙多而松软。

【菜】次、差。

【约】称重量。

【糊涂】面糊。

【引头】面酵子。

【栲栳】笆斗。用柳条编的盛东西的器具。

【囟子】囟门。

【龟打】用面做的小饼子。

【稀甜】很甜，少有的甜。

【血酸】很酸。

【瘟臭】很臭、很难闻。

【干家】会兴业治家。

【巴家】理家。

【眯瞪】小睡。

【抬杠】争辩（多指无谓的）。

【搡嗑】拿话堵人，嘲弄人。

【谝能】夸耀本领。

【抹牌】玩牌、起牌。

【踢瓦】儿童游戏。在地上画方格儿，用一只脚在方格内踢动瓦片。

【胡撸】用拂拭的动作把东西除去或归拢在一起。

【捣鼓】说人坏话。

【骨拧】扭动、蠕动。

【打摽】手不听使唤，拿不住东西。

【耍刮】轻快、灵便。

【样样】试试。

【胳肢】在别人身上抓挠，使发痒。

【撩才】找事、惹是生非。

【仔板】守规矩、有条不紊。

【柱壮】结实、牢固。

【赖巴】瘦弱。

【煞白】很白。

【额头子】额。

【骨排凳】矮腿的方凳。

【锅贴子】方圆形的烧饼。

【面叶儿】面片汤。

【马糊儿】一种半黏稠的汤食，内有菜、花生米、黄豆等。

【二抹子】浓稠的稀饭。

【蛙鱼儿】一种形同小鱼的面食。

【打平伙】数人聚餐费用均摊。即现在的AA制。

【攀门子】女子挑婆家。

【出门子】女子出嫁。

【消食儿】消化食物。

【打呵闪】打哈欠。

【发呓似】说梦话或梦中叫喊起来。

【打通腿】两人合盖一床被，分两头睡。

【摆场儿】摆酒席宴客。

【燎锅底】因去贺新居而要被贺的人请吃饭。

【拉呱儿】闲谈。

【学窝子】学问、学力。

【爬黑板】让学生在黑板上做题，被在黑板上点名批评。

【拾石子】一种抓、抛石子等物的游戏。

【挤压油】互相拥挤取暖取乐的儿童游戏。

【飘瓦瓦】将薄石片、瓦片等用力掷出，使其擦水面连成一线而过。

【扒豁子】拆台、对事情起破坏作用。

【仰八叉】仰面朝天、四肢伸开地仰着。

【大罗的】宽宽大大的。

【剔娄圆】特别圆。

【黑胧的】光线昏暗。

【样登的】齐全美观。

【头一炮儿】第一个（成交）。

【假不六道】不真诚、不厚道、虚伪。

【人五人六】装模作样假正经。

【亲戚里道】扯扯拉拉都是亲戚，没有外人之意。

【不倒价儿】不掉价儿。

【甜不赖歪】甜味不正。

【软不叮当】松软无力。

【稀娄泄歪】随随便便、没有正经的样子。

【憨不拉式】傻头傻脑的样子。

【胡噜半片】杂乱无章、乱七八糟。

【胡娄系儿】喉咙、咽喉。

【胳老拜子】膝盖。

【剔明透亮】极其明亮。

【眯了眯了】比画比画、示意。

【赖赖巴巴】勉勉强强。

【闹家包子】家庭内部闹矛盾。

【自嗷嗷的】高兴、得意的样子。

【磕筐包圆】全部买下。

歇后语

螃蟹作揖——对夹（家），一路货色。

麻绳湿水——自紧自。

门缝看人——瞧扁了(小看人，看不起人)。

兔子的爹——老跑式（形容老奸巨猾）。

外甥打灯笼——照旧（舅）。

丈二的和尚——摸不着头脑。

打绳匠摆手——到劲啦。

苘杆子打狼——两害怕。

裁缝丢剪刀——只剩下吃（尺）了。

茶壶装饺子——有嘴倒不出口。

被窝里划拳——没有外手(都是自己人)。

碓头砸碓窝——实（石）打实（石）。

麻线拴豆腐——提不起来。

嘴里抹石灰——白说。

肉包子打狗——有去无回。

巷口子扛棒——直来直往。

秋后的蚂蚱——蹦不了几天了。

兔子的尾巴——长不了。

骑驴看戏本——走着瞧。

驴跟牛顶架——拿个脸上（不知羞耻）。

坐飞机吹喇叭——想（响）得高。

十五只桶打水——七上八下。

胳老拜子长草——慌（荒）了腿了。

猪八戒照镜子——里外不是人。

老牛掉在枯井里——有劲儿使不出。

黄连树下唱小曲——苦中求乐。

卖糖稀的住大楼——熬上去了。

老鼠钻进风箱里——两头受气。

六个手指头搔痒——多一道子。

黄狼子给鸡拜年——没安好心。

豆腐掉在灰窝里——吹不得，打不得。

黄狼子趴在磨道里——冒充大尾巴驴。

常用俗语

什么种子出什么苗，什么葫芦开什么瓢。

没有不败的花朵，没有不散的筵席。

南京到北京，买的没有卖的精。

有钱难买回头看。

过时的皇历看不得。

打人不打脸，骂人不揭短。

冻死迎风站，饿死扎扎腰。

一辈子同学，三辈子亲。

千里烧香，不如孝顺爹娘。

是棵秫秫高棵草。

褒贬是买主，喝彩是闲人。

一个女婿半个儿。

五里不同俗，十里改规矩。

有借有还，再借不难。

闲茶闷酒，没局的烟。

家有千口，主事一人。

饭后百步走，活到九十九。

有钱难买老来瘦。

有病想说，有疮想摸。

酒越喝越厚，钱越赌越薄。

当面教子，背后教妻。

隔皮猜瓜，十猜九瞎。

多个朋友多条路，多个仇人多把刀。

脚正不怕鞋子歪。

不听老人言，吃亏在眼前。

路旁说闲话，草里有人听。

人心要实，火心要虚。

春寒多有雨，夏寒断水流。

该热不热，五谷不结；该冷不冷，五谷断种。

春雾风，夏雾热，秋雾连雨，冬雾雪。

雷打惊蛰前，高地好种田；雷打惊蛰后，洼地好种豆。

冬暖夏雨少，冬寒夏雨多。

冬走十里不明，夏走十里不黑。

交了七月节，夜寒白天热。

一场秋雨一场寒，十场秋雨要穿棉。

豆子开花，垄沟摸虾。

小满不满，必有一闪。

小麦九成熟，油菜八成收。

麦怕胎来旱，人怕老来穷。

桃三杏四梨五年，枣树当年就见钱。

葱辣嘴，蒜辣心，韭菜专辣鼻子筋。

寒露种莴苣，立秋种白菜。

幸福的婚礼　　唐颂　供图

乡风习俗

潘楼村向来有淳朴的乡风和良好的社会习俗，为徐州地区民俗文化特色。随着社会的进步，经济的发展，传统的乡风民情与现代文明相融合，不断汰旧纳新，传统的陋习逐步消失，积极健康的文明新风得到弘扬。

生产习俗

抹春牛　民俗以农历二月二日为准备春耕的开始。农家多于当天在牛头上扎红布，并用红土调成糊状抹在牛角上。相传隋炀帝死后变成一头凶猛的牛。有民谣："抹春牛，抹春牛，不让昏君再出头。"在牛头上抹上红土有震慑、避邪之意。

求雨　每逢干旱，村民自发聚集在一起举行求雨仪式。先到龙王庙拜见龙王，然后众小伙抬着一个又粗又长的独木杠，上面坐着一个强壮青年扮成龙王形象，从村里绕行一周，并不时拿着盛满水的碗向人群头上泼水，吹吹打打，表示龙王即将普降甘雨。

积肥　冬闲季节，老农多早起拾粪，以备春耕使用。新中国成立后，生产队在春耕前常组织社员挖河泥，夏季则捋紫穗槐叶，或割杂草，拾农作物秸秆，堆积高温沤肥，以备秋种时作底肥。

下粪耧　种麦时为使苗齐苗旺，农家常把人粪、畜粪等精细肥，晒干搓碎过筛，随种子一起入耧播下，俗称"下粪耧"。

压麦　潘楼一带，常常春季少雨，有"春雨贵似油"的谚语，春季不但少雨且常刮西南干热风。由于天气干燥，小麦地经过一冬天的风化，土质松软，容易"吊"死，所以农家常用约2米的长条石磙把麦地压实，以保墒情。

打头　有些农作物开花结果，是从下往上依次长的，下面的果实即将成熟，而上面还在开花，等到作物长到一定程度时需要把它的头给摘去，如棉花、芝麻、蚕豆等，俗称"打头"。

农田管理与粮食过秤入仓　　潘楼村村委会　供图

传统的农业耕作　潘楼村村委会　供图

保墒　土地晒垡是将收过小麦的地翻耕后闲置起来，留待秋天再种小麦之类的越冬作物；土地冻垡是将秋天收过庄稼的土地翻耕后闲置起来，留待过年开春种植春季作物。这两种耕作方式就是保墒，目的都是适当地维护土地，改良、熟化土壤，提高地力。

深耕　耕地方式分多种，目的是满足不同作物所需的种植深度。除种植水稻要浅耕外，大多作物需要深耕。俗话说："深耕浅种苗儿旺。"

套种　也称"间作法"，如瓜田套种山芋，麦田套种豌豆，玉米田套种大豆等。此种方法利于作物相互依存生长，充分利用地力，提高土地产出率，更利于土壤里有益菌的繁殖和有害菌的灭杀。

生活习俗

衣着　旧时农村富裕人家青壮年上身均穿长袍、马褂，普通农民多穿大襟或对襟布衣，下身穿大裆裤，系腰带。中老年男子多戴毡帽、礼帽，夏天戴席夹、草帽。鞋子有布鞋、棉鞋或用芦缨编的“毛窝”。妇女上身穿大襟袄、大襟衫，下身穿长裤，头顶块蓝布手巾或青丝巾。儿童大多穿开裆裤、戴虎头帽。新中国成立后，中山装、青年装普遍流行。帽子多似部队的式样，但颜色以蓝色、黑色为主色调。乡村女子则多围方巾。70年代青年人时兴军装和工作服，多数人穿解放鞋。1970年后，服装款式变化较多，窄脚裤、西服、喇叭裤、牛仔裤、滑雪衫、T恤衫以及各式裙子流行起来，鞋子有旅游鞋、回力鞋、网球鞋、塑料鞋等。老年人以黑色为主。1980年后，男女老少衣着颜色五彩缤纷，花样繁多，多以休闲、时尚、轻暖为主。

饮食　潘楼人历来以面食为主食。1970年以前，一般人家多以高粱面、玉米面、山芋干面为主，小麦面少。1980年后，潘楼村民以麦面和大米为主。主食有烙馍、拍打、喝饼子、窝窝头、稀饭、米饭、面条、馒头等。副食有热菜及腌制菜等。

居住　新中国成立前后，潘楼村民盖屋时要先请风水先生看风水，以求好运。住房大多是破草房、茅草庵子。主体房屋朝向为坐北朝南，北屋为正房，东西为配房。条件好的前面有门楼，大门前设影壁墙。1960年以后，逐渐改为土墙、瓦顶的房屋。1970年后，有的农户开始建造砖墙瓦顶水泥棒的屋，还有出厦的瓦房。1980年起，由于经济收入不断增加，少数人家逐步改建两层小楼，房子越盖越漂亮，功能也更加齐全。1999年开始，潘楼村围绕“旧”字做文章，民居整体改造，建起500多栋别墅式楼房，人均住房面积50平方米。

出行　新中国成立前，潘楼村民出行大多靠步行；生活比较宽裕的人家，妇女走娘家骑小毛驴，有的出行推独轮车，有的出行套大车。60年代后，离村10多里有了三堡到徐州的往返客运汽车。后又有徐州到刁店的客运班车，经潘楼设有站台。70年代后，时兴骑自行车，90年代青年人也有骑摩托车的。2000年后，兴起电动车热，90%以上的人家拥有两轮或三轮电动车。2010年后，由于经济水平不断提高，家庭小轿车不断增加，有的家庭甚至有2—3辆小轿车。不少村民出行开自家的轿车或面包车，出行非常方便。如出远门打工、旅游，则坐长途汽车、火车、动车、高铁，还有不少村民乘飞机到国内外旅游观光。

祝寿　过去富裕人家老年人年过60岁后，子女常为父母过寿，也叫“祝寿”。大户人家做寿，常常是张灯结彩，搭台唱戏，大摆筵席，宴请亲朋，热热闹闹，光耀门庭。一般人家过寿，就是家人及至亲举行个仪式，全家欢欢乐乐。中华人民共和国成立后，铺张浪费的庆寿方式渐绝。现在多数家庭为老人做寿，是到酒店办桌酒席，放上蛋糕，全家老少共同庆贺，其乐融融。

村民新居　　李传新　摄

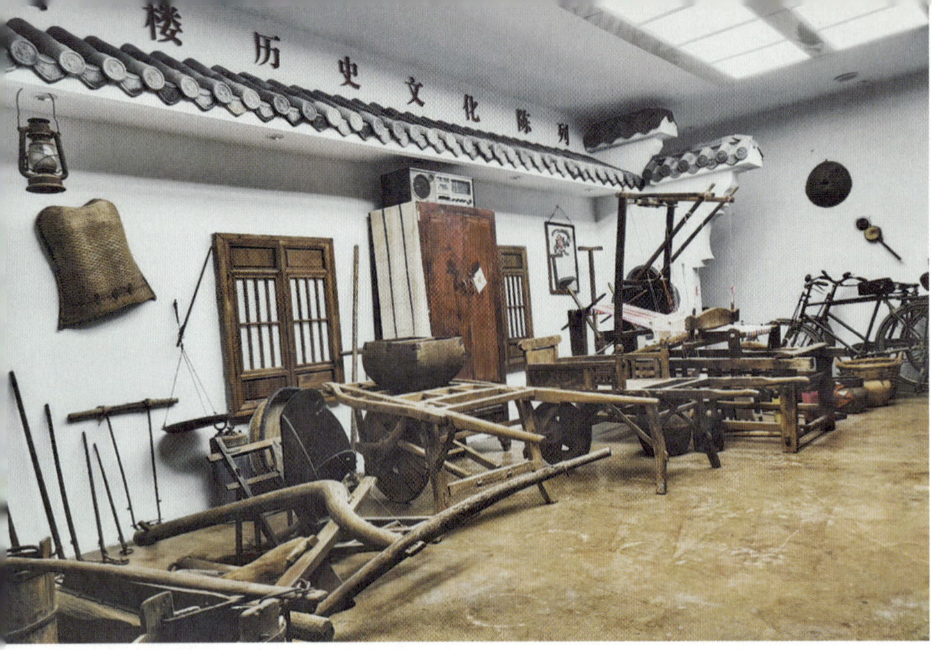

村史馆陈列的生活用具

潘楼村村委会 供图

节庆习俗

春节　过春节习称“过年”。春节前，人们要购买新年画装饰住房，有象征吉祥如意的雄鸡图，象征富贵有余的鲤鱼图等。除夕这天，中午之前贴要春联。除夕守岁时，一家人包着扁食（饺子），话旧谈心。黎明前，放一挂鞭炮（电视普及，守岁时看春晚，鞭炮多改在午夜零时燃放），辞旧迎新。春节早晨，第一件大事是拜年，先由家长率全家向祖宗拜年，然后全家人向家长，幼者向尊长者逐一拜年。未成年者，拜年时可得到“压岁钱”。春节这天必吃素扁食，不准吃荤馅的。70年代起，传统的春节习俗逐步改变。

元宵节　农历正月十五是元宵节，元宵节一定要煮元宵，蒸大包子（角子）。元宵节家家做灯，人人赏灯，最有特色的是一种面灯。蒸大包子时，专门蒸制的形状如钵、上沿捏成莲花边的面灯，里面放些豆油，棉花作灯捻（芯）。村民多蒸成12种属相或标志12月的面灯，晚上点燃后放在门口、房旁边和鸡舍、石磨、粮囤、灶台上，以灯内水量和灯花预卜当年各月降雨量和年景。节日晚上，儿童多持纱灯、纸灯、面灯游玩，青壮年则结伙赛龙灯、云灯、走马灯、羊抵头灯、放河灯、骨牌灯等。玩赏灯的同时，青少年往往放些鞭炮烟花。“文化大革命”期间，一度中断。进入21世纪后，各类灯会又逐步兴盛起来。

龙抬头　农历二月初二日的头天晚上，各家各户都在自家的门前用秫灰（即秸秆燃烧后余下的灰烬）画上一圈又一圈的圈，再在圈子的正中间留一个小洞，里面放上麦粒、谷子。圈子代表折子圈，预示今年粮食收满囤。二月二日当天早上，家家都吃甜甜的爆米花。寓意芝麻开花节节高，生活甜如蜜。

清明节　清明节是传统上坟祭祖的日子。清明时节，人们于扫墓之后，往往踏青春游。午餐多为冷餐，尤似古时寒食风俗。清明这天，门上要插几根柳枝，俗称“清明不插柳，死了变成大黄狗”。清明节前后放风筝是传统习俗，但是风筝的制作工艺也各有讲究。中华人民共和国成立后，机关、学校、工厂等多集体组织祭扫烈士墓。近年来清明节已成法定假日。清明节祭祖由烧纸钱逐步改为敬献鲜花。

端午节包粽子　　潘楼村村委会　供图

端午节　农历五月初五端午节这天早晨，一定要吃煮熟的粽子、鸡蛋和独头蒜。中午，全家聚餐喝酒。喝酒前，必先沾一些酒抹在儿童的鼻孔、耳朵、肚脐、脑门、腰间、手心、脚心等处，以为可以避毒虫祛百病。这一天，小孩子要戴香荷包，穿五毒鞋（或虎头鞋）、五毒衣（从商店中买，衣服上有五种毒虫的图案）。端午节这天，必在大门的上方插几枝艾条，俗称“端午不插艾，死了变成老鳖盖”。

中秋节　农历八月十五是中秋节。这一天家家户户蒸月饼，蒸月饼花样很多，较有特色的是蒸一个大大的、圆圆的多层月饼，全家人分吃，代表一家人团圆幸福。此外，还蒸些兔子、刺猬、龙等形状的面食。晚上要拜月，月亮升起后，便朝东摆一个供桌，点香烛，放月饼、水果等供品，然后鸣放鞭炮，全家人叩头拜月。拜月过后，在月下摆宴，全家人共饮团圆酒。

重阳节　农历九月初九是重阳节，有条件的老年人、文化人，往往相约登高（爬山），饮酒。插茱萸者虽有，但未成众俗。1989年，农历九月初九被定为“敬老节”，倡导全社会树立尊老、敬老、爱老、助老的风气。进入21世纪后，多在重阳节组织老年人旅游或开展书画交流等活动。

腊八节　农历十二月八日是腊八节，腊八节这天要吃腊八粥。腊八粥分甜、咸两种，甜的多投放瓜仁、果脯，咸的则放豆腐皮、香干丝、榨菜丁、冬菜、笋丝、肉丝等。粥煮好后，要盛上些先送亲邻，有小孩的人家让小孩多吃些亲友送的粥，以为可以“拉巴拉巴”（“拉巴”有扶助提携之意）。

说媒　过去，结亲先由媒人向男女双方家长提亲，双方家庭互派女眷去相看，双方父母同意后，将生时帖（旧时写着生辰八字等的纸片）交媒人去请卜人占卦，俗称“合年命，属相不相克即可”。

定亲　男女双方家庭议定后，由男家设席请媒人，宴罢，互换启柬，男方还要以茶叶、米、谷及“压启柬”的金银首饰交媒人转送女方，俗称“下聘礼”，即定亲。

过嫁妆　迎娶日期由卜人选定后，婚日前一天女方备“妆奁”及桌椅箱柜，写好“妆奁单”放入“妆奁盒”中。婚礼的头一天晚上，女方沐浴，不再进食，俗称“饿嫁”。男方则请些男孩子在新床上睡，俗称“滚床”。

迎娶　婚日早晨，花轿坐上一名男孩“压轿”，往女家迎娶。女子则穿着男方特送来的红袄、红裙及饰物，头上盖上“蒙头红”，到吉辰时由媒人“催妆”，女方哭着上轿以示舍不得离开娘家。发嫁后，花轿在前，抬嫁妆的人居后。新嫁娘的兄弟二人步行在花轿左右送至村头而回，俗称“送轿”。花轿到男方家门后，先放鞭炮，男方有两位姑娘上前挽新人走红地毯。当新人跨过火盆和马鞍时，旁边有人念喜词“新人跨火盆，辈辈出贵人；新人跨马鞍，辈辈做高官”。走到供桌前，男左女右站好，由司仪主持向北面叩头，“一拜天地，二拜高堂，夫妻对拜，同入洞房”。60年代起，已基本不用花轿迎娶而改用马车、汽车。2000年后多用轿车，或租用多辆统一型号的白色轿车迎娶新娘。

撒帐　新人入洞房前，选一名儿女双全的年轻妇女，把染红的枣和栗子（早生贵子）、花生（生男也生女）、白果（小孩长得白白胖胖、结实）等撒在床上，边撒边念“喜词”。新人入洞房时，由主持人抱着装满麦麸、花生、栗子、红枣的喜盒子（常用摞面摞子），说一句喜话，往新娘子身上撒一把这些东西。“一撒荣华和富贵，二撒金玉庆满堂，三撒三阳来开泰，四撒四季平安康，五撒五子齐登科……”十撒唱毕撒帐即结束。

分大小　司仪按拟好的名单，从辈分最高、年龄最长的本家开始，然后按亲属的远近，依次唱名，被唱到的接受新人的叩拜，同时送给新人一份“见面礼”。

幸福的婚礼　　唐颂　供图

婚宴　分大小结束后，前来参加婚礼的客人即入席喝喜酒，新人要轮桌向客人逐一敬酒。

闹房　婚宴结束后，闹房即开始，参加闹房的人多为新人平辈及晚辈的人，念喜歌，劝新人饮酒，开各类闹喜凑趣的玩笑。

催生糖　孕妇临产前半月，娘家要送红糖、挂面、鸡蛋和炒米，称为“催生糖”。

报喜　婴儿出生后，接生婆为婴儿剪脐带洗澡（现均改为到医院生育），并烧喜纸向祖先报喜，7天内向各处亲友送红鸡蛋报喜，男孩送双数，女孩送单数。

送粥米　婴儿出生半月内，接到报喜的亲友及产妇娘家要送红糖、鸡蛋、衣料、儿童服装、小被褥、小床帐、玩具、金银饰品等。80年代起，送粥米的数量增多，质量提高，除上述物品外，有的还加上儿童手推车、儿童脚踏车、电动儿童车等。

挪窝　婴儿满月后，条件好些的家庭往往设宴庆祝（俗称“喝满月酒”），产妇娘家要将产妇与幼儿接回住几天，俗称“挪窝”。

庆百日　婴儿满一百天时，全家开喜宴，为婴儿拍“百日照”等。

抓生　又名抓周。幼儿一周岁时，有些家庭往往在桌上摆书、笔、尺子、钱币等物要小孩抓，依其所抓物品来预测其未来的志向。进入21世纪后，为小孩买生日蛋糕、点生日蜡烛的渐多。

丧事习俗

搬铺　在亲人临近死亡时，将人由卧房移至中堂临时铺设的软床上，称“铺”（也称“调床”）。被搬铺者已知将离人世，召唤家人留遗言，分配遗物，嘱咐家人预备办理后事。男移中堂左侧，女移右侧。家有长辈，不移中堂而移侧屋。

送终　老年人临终时，穿好寿衣，戴好帽子（哥在世不能戴帽），穿好鞋袜（弟在世不能穿鞋，只穿袜子）等。去世后，眼睛、口闭合不好的，再帮其合好。用白纸盖在脸上，叫“蒙脸纸”。在脚脖子套条麻绳，叫“绊脚绳”，以防止“诈尸”，入殓时解开。用手帕包着“打狗饼子”装在死者的袖筒里。棺材前面以碟、盏盛油放灯芯点燃为灯，称“长明灯”。然后再放上一个阴瓶。

送盘缠　死者死后的第二天晚上，全族的人员到亡人家中，晚辈戴着孝帽，儿子、儿媳、女儿、女婿、侄女、侄子、孙女、孙子穿着孝衣和白鞋，选一人端着馍盘，馍盘中放置一碗数量与死者年龄相同的小扁食；做一个面灯放油点着及一些纸箔；另一个拿着用白纸糊成的盛有折叠元宝的钱褡子。孝子哭着在前，家族人员随后，前行至村外十字路口。用三脚架叉开，挂上箔，放上褡子，三脚架下放着面灯，点火焚烧，选一人呼死者已死去晚辈的名字，“×××给××（称呼）扛褡子”，连喊三声。孝子等人不从原路回家。

报丧　老人断气后，若亡人是妇女，必须向娘家报丧；亡人是男的，向其外祖母家报丧。由长子戴孝帽、系孝绳，手持哀悼棍前去报丧。到了目的地，不能进门，有人来接，无论长幼，孝子都要给叩首，叫“跪门”。即使进门，不能坐板凳，只能蹲着，表示对死者的尊敬。一般亲友，派族中人去即可。

成殓　人死后一般三天成殓。棺底铺褥子，褥子上摆“垫背钱”，头下一枚，背部下一枚，腰下一枚，两胯下各一枚，两脚跟下各一枚。棺内放三个大灰包，若干个小灰包。入殓前要给死者洗脸（舀一碗清水，用一点棉花，沾水在死者脸上空绕一下，不准把水滴滴在死者脸上）。尸首入棺前，把袖里放的“打狗饼子”扔到屋脊背后。棺内可放些死者生前喜欢的东西。盖上棺盖后要刹扣，死者如是妇女，由娘家长房侄儿剁扣，剁扣俗称“三斧头”，也有在出殡时剁扣的。

葬品　死者女儿为死者扎纸童男、童女、牛、马、轿、摇钱树等（意为让死者在阴间享用）。在出殡的头天晚上，要给殡葬品“开光”。

辞灵与家奠　辞灵是指安葬的头天晚上，孝家在灵堂内向死者行大礼。先男后女，尔后是近房族人。行礼一般是“三揖九叩”，也有的行“二十四拜”大礼。家奠是指葬日早晨，上述人再行一次礼。

庠汤　葬日中午，孝子、家属、族人、亲友到村外土地庙祭神（多数在岔路口或井旁进行）。乐队奏乐，一路哭泣。族人抬着一桶稀面水在前面引导，边走边舀面水沿路泼洒。围土地庙转三圈，然后孝子在庙前叩头，俗称“庠汤”。

路祭　将灵柩抬至门外路上，孝子、家属、族人、亲戚依次行礼，向死者告别。祭毕，孝子摔破牢盆。长子长孙挑白幡在前，孝子弯身在后，手持哀棍在棺前一步步哭向坟地。遇过桥，孝子要喊：“××过桥！”当灵柩到坟地地头时，抬棺的人要一溜小跑进坟地，叫“百步抢吉地”。除女眷在地头等着外，所有亲友陪送到坟地。

安葬　灵柩抬到坟地，孝子在墓前跪送。棺下葬后，哀棍放在棺后，棺上放一撕开四角的席，席上放着铭旌、弓箭和写着“生安亡稳”和敕令的小瓦。由破土者掩上三锹土，送葬的壮汉接过锹上土。孝子绕坟穴转三周，边走边向棺木撒土或撒五谷杂粮，抬杠人筑坟，并焚烧殉葬品，烧四邻纸。安葬后，其他穿孝的人也要撕开帽子、孝衣，孝子揣上几个馒头，后兜一把土回家，放在粮折子里。安葬时，坟墓筑得小而不规整。第三天早晨，孝子和近房的族人携带工具到坟茔，将新坟筑得大而圆。三年内不得添土。

烧纸　在“五期”（七天为一期）、“百天”、周年，儿女三次上坟烧纸。以后每年的清明节、农历七月十五日、农历十月初一、春节都要坟前烧纸。

潘楼村举办热烈庆祝中国共产党成立100周年暨“七一”表彰大会　　潘楼村村委会　供图

7 名人乡贤

潘楼村是个人才辈出的地方。百余年来，涌现出一大批知名学者、社会贤达、革命军人和众多先进模范人物。本篇分“人物传略”“人物简介”“人物名录”三部分。“人物传略”收录13人，“人物简介”收录8人，“名人履痕”收录2人。“人物名录”收录先进模范人物4人、人大代表3人、行政科级及军人营级以上38人、革命烈士9人。

人物传略

潘楼村人杰地灵，名人英贤辈出。“人物传略”共收录13人，有的为抗日救国出钱出力，有的为兴办家乡教育奉献家财，有的舍身为党秘密工作，有的为家乡发展耗尽毕生精力。虽然他们人已逝去，但他们的英勇光辉事迹和无私奉献精神，永远鼓舞家乡人民踔厉前行、勇毅奋进。

侯永康（1875—1958）

侯永康，潘楼村人。民国时期国立中央大学毕业，30年代初期，先后任国民党河南省泌阳县县长、军事法官等职。任职期间，曾保释过共产党的干部和群众。后侯永康辞去国民党的一切职务，回家边务农边办学，把灌沟初级小学办成完全小学校。和共产党员王成九一起聘请教师、招收学生，为潘楼及周边村庄培养了一批人才，为抗日战争输送了一批又一批有志青年。鼓励二弟侯永庚参加抗日工作。为解决潘楼、周庄一带水患，侯永康动员当地的知名人士胡希山和广大群众，有钱出钱，有力出力，治理坡河，根治了这一带水患。抗日战争胜利后，侯永康受徐州国立师范学校校长邀请，出任徐州国立师范学校后勤主任。1958年，侯永康在潘楼村病故。

侯晴銮（1897—1998）

侯晴銮，女，潘楼村人。受其兄长侯永康的教育影响，1924年加入中国共产党后，以教学为名做党的地下工作。1926年7月，侯晴銮参加了中共徐州党组织在云龙山下山沟里召开的会议，研究如何迎接北伐军问题。1927年5月至7月，任中共徐州地委委员。曾被国民党抓去，在徐州坐6年水牢，受尽折磨，宁死不屈，后被共产党营救出狱。1949年解放，分配到山东省委机关工作，任省委机关幼儿园园长，享受行政16级待遇。1998年去世。

郭大杰（1901—1969）

郭大杰，又名郭若水、郭仲彝、郭仲懿，

潘楼村人，中共铜山早期党组织负责人之一。1924年7月，毕业于上海工业大学，郭大杰与同学张淦清（潘塘乡肖秦庄村人）回铜山县，在徐州下街南头开办一家经营雪花膏、生发油的“平民公司”。他们广泛联络有志之士，与铜山县党组织创始人吴亚鲁交往较多，不久加入中国共产党。1926年4月，中共徐州特别支部扩建为中共徐州独立支部（简称徐州独支）。独支干事会由3人组成，郭大杰任组织干事。1927年5月，中共徐州独支扩大为中共徐州地方委员会（简称徐州地委）。委员会由十人组成，郭大杰任农运委员，侯文峰、侯晴銮为委员，徐秉琦（侯文峰夫人）任学运委员。故有中共徐州地委“十个委员，潘楼村占三个半”之说。1952—1953年，郭大杰任石家庄棉麻公司业务科长。1968—1969年，郭大杰在国营石家庄第二棉纺织厂总务科工作。1969年去世。

刘光宗（1908—1982）

刘光宗，潘楼村人。1929年在海州师范学校读书时加入中国共产党，从事革命活动。据郭影秋回忆，铜山工委游击队的支点有三处，其中一处是城南的潘楼，负责人刘光宗。当时刘光宗向工委汇报有队员30多人，工委发给步枪30支、子弹若干发。潘楼支点依托西山至皇藏峪建立小片抗日根据地，开展群众性的平原游击战争。在一次战斗中，由于敌我双方兵力悬殊而失败，队伍失散。1938年，刘光宗脱离党组织。1945年，抗日战争胜利后，刘光宗在解放军某部任职。淮海战役时，刘光宗曾担任解放军在淮海战役中所俘国民党团级以上人员的训导处处长。新中国成立后，刘光宗担任治淮指挥部某科科长。1957年，刘光宗被错划为“右派”分子，回家务农，接受改造。1978年，摘帽平反。1982年去世。

刘光约（1910—1993）

刘光约，潘楼村人。苏州医学院毕业。中华人民共和国成立前，在重庆从事医务工作，中华人民共和国成立初期回家乡潘楼、周庄、三堡等地开办诊所，后经人介绍到兰州部队医院工作。在探亲时，为当地老百姓义务诊疗，周围群众都知道他的医术高、医德高，纷纷到潘楼请他看病，有时人群挤满一院子，他连上厕所的时间都没有。“文化大革命”结束后调到兰州传染病医院工作，直到退休。1993年去世。

侯文铦（1910—1992）

侯文铦，女，潘楼村人。1930年，徐州师范毕业，受姑母侯晴銮影响参加中国共产党。1934年，出任灌沟小学校长。抗日战争爆发，党组织遭到破坏，侯文铦与党组织失去联系而脱党。1938年，徐州沦陷后，侯文铦南渡镇江从事教育工作。1970年，赴美定居。1992年病故。

张静波（1915—1996）

张静波，原名张荣信，中共党员，潘楼村人。1939年，参加抗日游击队，编入某部第25团任卫生员。抗日战争结束后，仍在中国人民解放军某部从事医务工作。1949年10月，任南京军区杭州部队疗养院院长，后疗养院改名中国人民解放军101疗养院，仍任该院院长至离休。1955年，被授予中校军衔。1996年去世。

杨启彬（1916—2011）

杨启彬，潘楼村人。1940年2月与其叔杨光盈一起从元洼小学去安徽褚兰参加抗日游击队，后随军东撤洪泽湖根据地。历任新四军第4师第39团1营通讯员、文书、文化教员。随军转战苏中、苏北、山东，参加大小战斗百余次。在孟良崮战役中身受重伤，伤愈归队随军南下，参加解放南京、上海等战斗，历任指导员、营教导员、副团长。1955年，转业到扬州水利专科学校任后勤处长。“文化大革命”中受到迫害，被遣送原籍潘楼村劳动改造，1972年落实政策，回校任职。1976年离休，享受地市级待遇。

张振业（1917—2015）

张振业，潘楼村人。1952年4月加入中国共产党。历任潘楼村文书，潘楼乡、四堡乡乡长，潘楼村、刁店村党支部书记，三堡人民公社兽医站党支部书记等职。张振业出身贫苦，3岁丧母，由三姐带大。13岁时去安徽省合肥市某皮箱店学徒，继而转往宿县左洼、元洼酒厂打工谋生。1938年5月，张振业回潘楼给沙居端、沙居方当长工，兼做小生意。1948年12月，潘楼解放，参加剿匪反霸斗争。1952年3月，民主建政，张振业选为潘楼乡乡长。60年代初，张振业调任刁店大队党支部书记，不久，调回潘楼任大队党支部书记。他带头纠“五风”（共产风、浮夸风、命令风、干部特殊风、对生产瞎指挥风），推行“三级所有，队为基础”的核算方式，实行包工到组、到户的生产责任制。1973年，张振业调任三堡人民公社兽医站党支部书记。1980年3月退休。张振业退休后，经常到村里给年轻党员讲潘楼村的发展经历，鼓励年轻人为潘楼发展多做贡献。2015年去世。

侯文铭（1926—1992）

侯文铭，潘楼村人。1946年在潘楼村办子扬中学。1949年2月参军，在中国人民解放军高级步兵学校第三机关服役。1952年7月荣立三等功。1978年9月，由河北省石家庄市装甲兵学院转业，在连云港市木工厂任书记。1980年，任连云港市新浦中学党支部书记。转业后享受团级待遇。1987年离休。1992年病逝。

杨光盈（1928—1991）

杨光盈，潘楼村人。1940年2月与侄子杨启彬一起，从元洼小学结伴到安徽褚兰参加抗日游击队，后随军东撤洪泽湖，编入新四军第3师，历任通讯员、警卫员、通讯排长。涟水战役后北撤山东，参加莱芜战役、解放济南等战斗。中华人民共和国成立后，驻守南京。1955年授中校军衔。历任营教导员、团副政委、政委、师政治部主任。1962年晋升为上校。1986年以师级军干转业地方，任南京无线电总厂党委副书记。1988年离休，享受厅局级待遇。1991年病逝。

张振乾（1932—1990）

张振乾，潘楼村人。1948年3月，在公安部门工作。历任青年派出所民警、连云港市煤炭指挥部总指挥、徐州市公安局交通警察大队大队长。1987年，徐州市公安局交通警察大队改为徐州市公安局交通警察支队后任第一任支队长（副处级）。1989年12月，任徐州市公安局交通警察支队巡视员。1990年2月病逝。

刘文彩（1935—2016）

刘文彩，潘楼村人。1956年9月参加工作，1985年加入中国共产党。1956年9月至1962年4月，在西安市建筑三公司任会计；1962年5月至1982年4月，任西安市人民银行会计；1982年5月至1984年8月，任徐州市会计稽核员；1984年9月至1993年1月，任铜山农行三堡营业所主任。他工作任劳任怨，踏实认真，被评为全年系统先进工作者。在三堡农行工作期间，积极为家乡经济发展服务，1992年被评为全国金融系统劳动模范。1993年2月至1996年，任徐州市农行二干校副校长。1996年6月退休。2016年病逝。

人物简介

水韵江南的潘楼村，孕育了大批令人艳羡的俊才翘楚。“人物简介”共收录8人。入志者为潘楼村本地或外地工作的新闻界、政法界、教育界、科技界以及在乡村振兴中独有建树的先进模范人物。他们分别在各自的工作岗位上创造辉煌的业绩，成为家乡人民的骄傲。

张震峰　1935年生，中共党员，潘楼村人。1954年毕业于徐州师范学校。1956—1960年，在铜山报社工作。1960—1979年，先后在县委报道组等单位从事新闻文化工作。1965年11月，参加全国青年业余文学创作积极分子大会。1980年初，《铜山报》复刊任新闻部主任，兼任徐州市新闻学会副秘书长。1980—1990年，在《铜山报》连续刊载《周门三烈》《铜山英烈传》等100多篇革命斗争故事。1990年被聘为徐州市新闻界中级职称评审委员会委员；被选为江苏省新闻学会、记者协会代表大会代表。同年6月17日，《新华日报》一版头条载《解历年积怨，架友谊长桥，铜山、萧县两县人民携手治理故黄河》，分别获得《新华日报》、全省水利好稿一等奖，华东九报一版头条新闻竞赛三等奖。1991年6月，被评为主任编辑。1997年12月，获得江苏省新闻界最高人才奖——戈公振新闻奖。先后在县报一版刊发200余篇消息、通讯，部分被中央、省、市报选用。数十年来，张震峰编辑稿件200多万字，采访稿件3000多篇，其中100多篇分别获省、市报和全省县（市）报、全国县（市）报好新闻奖。江苏人民出版社等分别出版《热土沧桑》《铜山崛起实录》《行走乡土记录时代》等新闻作品集6部。被铜山县委、徐州市委表彰为优秀共产党员、十佳党员、党员标兵；被徐州市人民政府表彰为劳动模范、优秀新闻工作者、优秀知识分子；两次被评为江苏省优秀新闻工作者。

张衍华　1940年生，中共党员，潘楼村人。1946年在潘楼小学读书，1955年6月参加共青团，1956年1月从事潘楼乡邮递员工作，1956年9月在桥上供销社工作。1958年12月加入中国共产党，入伍中国人民解放军空军。历任班长、台长，团政治处干事、指导员，师教导队教导员，学院政治部副科长等。1984年转业到地方工作，先后任徐州化工学院党支部副书记，市委组织部干部，交通局纪委副书记、监察室主任、局机关党总支副书记、工会主席、局老干部党支部书记，高级政工师。工作期间，多次被评为先进工作者和优秀党务工作者。2000年退休。

王保钧　1942年生，中共党员。潘楼村人。1964年8月，毕业于北京大学医学部药学院（五年制本科）。先后在国家中医药管理局、上海医药研究院工作，从事医药研究，在国家级刊物上发表论文多篇。1979年12月，晋升为工程师。1980年获得上海医药管理局重大科技成果奖。在担任药厂厂长期间，为医药制造开发20种新产品，创造利润累计超过2000万元。1987年12月，晋升为高级工程师。1993年，科技成果“降血糖药格列奇特的工艺研究”获得国家中医药管理局科技进步二等奖；1994年，“降血糖药格列奇特的工艺研究”获得国家科委科技进步三等奖。1995年12月，晋升为研究员（教授级）。1996年，“降血糖药格列奇特科研成果产业化”项目获得上海市发明协会颁发的“实施创造发明企业家”称号。共获得20多项荣誉和奖励。1996年4月，王保均被聘为上海医药工业研究“高级技术职称审评委员会”委员、上海工业研究院“专家委员会”委员。1999年5月，被聘为科技部高新技术研究发展中心“科技·经济专家委员会”委员。2003年10月退休后，被江苏同禾药业公司、常熟万兴化工公司聘为总工程师。

周脉仁　1947年生人，中共党员，大专文化。潘楼村人。1965年10月应征服役，先后任副班长、班长、副排长、排长、政治指导员。1978年9月，转业到徐州地区客运公司，任工会主席。1979年10月至1983年2月在徐州地区检察分院，任助理检察员。1983年3月至2007年6月，在徐州市人民检察院任助理检察员、检察员、反贪局副局长。周脉仁在从事检察工作20多年中，坚持原则，依法履行一名检察人员应尽的职责。先后办结批捕、起诉刑事案件700余件、800余人，带领反贪干警查处县处级以上干部经济犯罪案件50余人，为国家挽回经济损失4000余万元。先后荣立二等功一次、三等功三次，被评为机关先进工作者，市优秀公诉人。2007年7月退休。

张衍刚　1960年生，中共党员，潘楼村人。先后任村团支部书记、民兵营长、村会计站长（兼任村造纸厂厂长），铜山隆源造纸有限公司总经理，村委会主任、村党支部书记，现任村党总支书记。1994年，张衍刚当

潘楼村党总支书记张衍刚：勤政担当 务实为民

选潘楼村村民委员会主任。1997年，张衍刚当选潘楼村党支部书记后，毅然选择走农村工业化道路，以招商引资为抓手，以兴企办厂为手段，以强村富民为宗旨，带领全体党员干部和村民大力发展集体企业和个私企业，使全体村民走上共同富裕的道路。开展“十星”级文明户评比、道德模范人物评比等活动，加强公民思想道德建设。2000年，潘楼造纸厂改制，由集体企业改制为民营企业后，张衍刚及时调整经济发展思路，快速形成运输、蔬果等规模化特色产业，农村经济再上新台阶。2001年，张衍刚被江苏省人民政府授予省劳动模范称号，2002年当选江苏省第十届人民代表大会代表。2005年，国务院授予全国劳动模范称号。张衍刚率领村民积极开展“江苏省康居示范村”和“全国文明村镇”创建活动，不断加强人居环境建设和生态环境建设。2007年潘楼村获中宣部、中央文明办、国家林业局颁发的“全国绿色小康村”称号。2012年，江苏省人民政府授予潘楼村“江苏省文明标兵村（2010—2012）”称号。2013年，潘楼村获省“三星级康居乡村”称号。2015年，中央精神文明建设指导委员会授予潘楼村“全国文明村镇”荣誉称号。张衍刚被省委命名为“吴仁宝式优秀村书记”。2019年，张衍刚被省委评为江苏省首批“百名示范村书记”。

祁　鹏　1960年生，中共党员。潘楼村人。1979年12月入伍，进入国防科委司令部管理局唐山农场，1980年10月，任国防科委司令部管理局一管处公务班副班长，1981年8月，任国防科委司令部直政部电影队放映员。1982年8月，在国防科工委第二十六基地南宁站学习。1984年3月，任国防科工委直政部电影队队长，同年12月入党。1986年5月，就地转业到国防科工委远望楼宾馆办公室任助理。1992年，任国防科工委远望楼宾馆客房部副经理。1994年，任国防科工委远望楼宾馆客房部经理兼党支部书记。2001年，任国防科工委远望楼宾馆总务部书记。2008年，任原总装备部第一招待所客务部书记。2016年，任中央军委管理服务总局远望楼宾馆党委书记。

刘　利　1961年生，中共党员。潘楼村

人。文学博士，教授，博士生导师。现任北京语言大学校长。1979年9月，考入徐州师范学院中文系。1983年9月，考入徐州师范学院中文系，攻读硕士学位。1986年7月，留校任教；曾获学校优秀教学成果一等奖、省优秀教学成果三等奖。1993年，考入四川大学中文系攻读博士学位。1995年，获博士学位，其间曾任研究生党支部书记，曾获全国“跨世纪优秀人才发展奖”。1996年，经人事部专家司介绍，进入北京师范大学中文系博士后流动站做研究工作。1998年，出站后，留校任教。曾任北京师范大学中文系党总支副书记、党委宣传部副部长兼新闻中心主任、北京师范大学北京文化发展研究院执行副院长、图书馆馆长兼党总支书记、党委组织部部长。2012年8月任北京师范大学党委副书记，分管新闻宣传与教师思想政治工作、思想政治理论、统战工作、校友工作、图书档案工作、对口支援工作、直属附校工作。分管党委、校长办公室、党委宣传部（新闻中心）、党委统战部、督察督办办公室、校友工作办公室、图书馆、档案馆、直属附校工作。2017年5月，任北京语言大学校长。主要从事汉语语法学、汉语语法史、汉语词汇史的教学与研究。先后在《中国语文》《古汉语研究》《辞书研究》《中国社会科学》《北京师范大学学报》等重要学术期刊发表论文50多篇；出版学术著作、教材6部；主持教育部人文社会科学重点研究基地重大项目、教育部人文社科基金项目、中国博士后基金项目等多项。曾获“北京市科技创新标兵”、北京师范大学“励耘优秀青年教师奖”以及“首届中国大学生跨世纪发展奖学金”“江苏省普通高等学校优秀教学质量奖”等奖项。

金生栋　1969年生，潘楼村人。1988年7月毕业于铜山师范学校。中共党员。现任中国书法家协会会员、铜山区书法家协会副主席。1988年8月，在三堡镇中心小学担任数学教师，1994年7月，被评为“铜山县数学学科教学能手”。2000年8月，在三堡镇榆庄小学任教导主任。2001年8月，在三堡镇周庄小学任副校长。2005年，加入中国书法家协会。2006年8月，任三堡实验小学副校长。2010年12月，江苏省南京艺术学院美术（书法）本科自学毕业。2013年5月起，任新区街道台上小学校长。学校先后被评为“徐州市优秀平安学校”“徐州市依法治校示范学校”“江苏省义务教育（标准化）现代化学校”“铜山区书法特色学校”，学校幼儿园被评为“江苏省优质幼儿园”。书法作品入展中国书法家协会主办纪念邓小平100周年诞辰全国书法篆刻展（获提名奖）、全国第四届新人展、第五届新人展、首届全国青年书法篆刻展、第二届扇面展、纪念抗日战争胜利60周年“高恒杯”全国书法展。参加其他书法展有首届全国审计系统书法大赛，获二等奖；首届“梨乡水城杯”全国书法大赛，获二等奖。

名人履痕

潘楼村从一个名不见经传的贫穷落后小乡村，历经数十载，发展成为美丽富饶的“苏北小江南”，这是潘楼人民励精图治、艰苦创业取得的辉煌成果，同样也离不开八方英才为潘楼高质量发展付出的努力。他们在此教书育人、播撒革命火种、指导企业发展奉献技术才能、开办个体企业兴工助农、开发房地产业改善人居环境。“名人履痕”收录2人，其中，1人于新民主主义革命中期在潘楼教书育人，发展党员，为党播下革命火种；1人在潘楼兴办企业中，改进生产技术，为产品提质增效贡献聪明才智。

刘瑞贞（1912—1940）　安徽省萧县官桥镇后官桥村人。抗日战争爆发之前，刘瑞贞在铜山县第七区潘楼小学任教，是中共地下党员，以教师身份作掩护开展党的地下工作。1938年5月徐州沦陷后，刘瑞贞担任中共铜山县第七区区委书记，对外公开身份是第七区救国会会长，从事抗日救亡工作。第七区救国会有一个武装中队，武装人员30余人。救国会人员在潘楼、周庄、左洼、房上等地开展抗日救亡宣传活动，建立基层民主政权，组织青年参军参战，筹粮筹款支援抗战前线。刘瑞贞在潘楼小学秘密创办了一份油印宣传抗日救国的报纸《群众报》，一面揭露国民党政府对侵华日军的不抵抗政策，一面宣传共产党人的积极抗日主张。《群众报》连续办了几年，对潘楼一带人民抗日救国产生了积极的影响。1940年农历三月初，刘瑞贞在带领地方武装同日军的一次战斗中身负重伤，医治无效，壮烈牺牲，时年27岁。

桂书文　1956年1月出生。家住江苏省南京市建邺区。2004年1月，桂书文被潘楼村聘为隆源造纸厂技术工程师。桂书文在隆源造纸厂工作期间，勤勤恳恳，兢兢业业，以厂为家，不分昼夜工作在生产车间，不管哪里出了问题，都能及时予以解决，确保生产正常运行。为提高产品产量和质量，增加经济效益，桂书文经常提出切实可行的技术改进意见，并被厂领导采纳。桂书文在工作期间，始终同工人师傅打成一片，无私地向工人师傅传授技术知识。桂书文为潘楼造纸业的发展、提高产品效益做出了积极的贡献。2008年10月，桂书文离开潘楼村隆源造纸厂，返回南京市。

人物名录

潘楼村钟灵毓秀，各类优秀人才遍布众多行业。“人物名录”共收录54人。其中，“先进模范名录”收录市级及市级以上模范人物4人；“人大代表名录”收录省、市、县（区）代表3人；“党政军名录”收录行政科级、军职营级及以上职务38人；“革命英烈名录”收录9人，其中，1941—1944年，在抗日战争中英勇牺牲的8人，新中国成立后牺牲的1人。

1994—2021年潘楼村市级以上先进模范人物一览表

表14

姓　名	获奖年份	颁奖机关	荣誉称号
张震峰	1988	徐州市人民政府	徐州市劳动模范
	1989	中共徐州市委、徐州市人民政府	优秀知识分子
	1989	江苏省新闻工作者协会	江苏省优秀新闻工作者
	1997	江苏省新闻工作者协会	江苏省首届“戈公振新闻奖”
张衍刚	2001	江苏省人民政府	江苏省劳动模范
侯希美	2001	徐州市计划生育委员会	徐州市“双百优”计划生育工作者
	2003	徐州市计划生育委员会	优秀计划生育专干
张衍刚	2005	中华人民共和国国务院	全国劳动模范
侯希美	2006	徐州市人口和计划生育委员会	优秀村级计生专干

续表14

姓　名	获奖年份	颁奖机关	荣誉称号
张衍刚	2008	中共徐州市委组织部	“五星”村党组织书记
	2012	中共徐州市委组织部	“五星”村党组织书记
	2014	中共徐州市委组织部	“五星”村党组织书记
	2015	中共江苏省委组织部、宣传部	吴仁宝式优秀村书记
	2015	江苏省老龄协会	江苏省第二届百佳孝星
	2015	中共徐州市委	优秀共产党员
	2015	徐州市老龄协会	先进老龄（年）协会会长
	2016	全国老龄工作委员会	全国“敬老爱老助老模范人物”
	2016	中共江苏省委	全省优秀党务工作者
	2017	中共江苏省委组织部	2016—2017年度江苏省农村基层党建工作突出贡献奖
吴远远	2018	共青团江苏省委等单位	江苏省“崇义友善”好青年
张衍刚	2019	中共江苏省委组织部	江苏省首批“百名示范”村书记

2002—2021年潘楼村出席省、市、县（区）人大代表一览表

表15

姓　名	时　间	届　次
杨启秀	1980—1984	铜山县第八届人民代表大会代表
张衍刚	2002—2006	江苏省第十届人民代表大会代表
詹其侠	2002—2006	铜山县第十四届人民代表大会代表
张衍刚	2007—2011	江苏省第十一届人民代表大会代表
	2017	徐州市第十六届人民代表大会代表
	2018	江苏省第十三届人民代表大会代表

1941—2021年潘楼村行政科（军职营）级以上人员一览表

表16

姓　名	性别	出生年份	工作单位及职务	级别
杨启栋	男	1915	1941年入伍，1966年转业到铜山县交通局工作	正营
杨启义	男	1920	1943年入伍，徐州空军后勤学院工作至退休	副师
唐明召	男	1924	1943年入伍，1966年转业到徐州重型机械厂工作	正团
闫世文	男	1926	1941年入伍，1946年转业到浙江省义乌县森林站任站长	团级
侯文铭	男	1926	1948年入伍，1980年转业，任连云港市新浦中学党支部书记	正团
刘素秋	女	1927	1948年入伍，1955年转业到辽宁省沈阳市工作。现离休	团级
郭荣贵	男	1927	1943年入伍，1973年转业到安徽省安庆市，任轻工局长。离休后享受正团级待遇	副团
王保民	男	1930	1946年入伍，1949年转业到黑龙江国有林场工作。离休后享受正团级待遇	副营
祁洪安	男	1923	铜山县委农工部副部长	正科
刘光铦	女	1927	山东政法大学毕业后分配最高人民法院工作，任院长谢觉哉秘书	局级
张振久	男	1929	西安市第三建筑公司主任	正科
杨光玉	男	1930	1948年入伍，1953年转业，曾任丰县华山镇党委书记	正科
张振乾	男	1931	徐州市公安局交警大队大队长	副处
杨淑珉	女	1932	山东省高级人民法院	正处
徐又新	男	1932	三堡中学校长	—
郭贤荣	男	1933	三堡镇党委副书记	副科
张精民	男	1934	湖北省武汉市工程师	正科
周脉林	男	1937	1959年入伍，1984年转业到徐州彭城职业大学，任副教授	副团

续表16

姓　名	性别	出生年份	工作单位及职务	级别
秦庆平	男	1938	西安市自来水公司管网所所长	副处
闫世平	男	1939	1966年入伍，1971年转业到郑州铁路局安康分局铁路医院，任主治医师	正团
杨启明	男	1941	1959年入伍，1968年转业，西宁市165信箱卫生所长	—
郭贤廷	男	1943	夹河乡司法助理	副科
孙文英	女	1943	铜山县人民法院刑二庭庭长	正科
郭贤桐	男	1945	1964年入伍，1984年任铁道兵十四局中铁十四局处长	副团
张衍忠	男	1946	1968年入伍1984年转业，曾任潘塘镇、棠张镇党委副书记	副营
潘洪彬	男	1950	三堡镇副镇长	副科
秦　勇	男	1960	西安市自来水公司经理	正处
金生贵	男	1961	1979年入伍，2000年转业，铜山区统计局副局长	副团
刘　宁	男	1962	铜山检察院科长	正科
张　军	男	1966	湖北省枣阳市房产局经理	正科
张　桃	女	1970	徐州市公安交警支队	正科
杨　欣	男	1970	2001年转业到徐州市开发区徐庄派出所	—
刘　扬	男	1971	棠张镇人大主席	正科
杨　勇	男	1974	1991年入伍，2008年转业，安徽省合肥市统计局	正营
刘欣然	女	1986	央视二套“对话”栏目总编导	副科
杨　猛	男	1972	1991年入伍，2006年转业到徐州市公安局，任公安巡防大队长	副科
尚继忠	男	1977	1995年入伍，现在部队服役	正科

潘楼村革命英烈一览表

表 17

姓　名	出生年份	入伍年份	所在部队(单位)职务	牺牲时间地点
侯永庚	1892	1939	新四军三师九旅二十五团三营侦察兵	1941 年潘楼东湖
张荣庆	1904	1938	新四军三师九旅二十五团三营卫生队长	1942 年 4 月邳县甘泉山
郭士元	1909	1942	潘楼乡乡长	1944 年泗洪县
祁洪新	1909	1938	新四军三师九旅二十五团三营战士	1940 年泗洪县病故
刘文彬	1913	1937	新四军三师九旅二十五团三营排长	1944 年泗阳县
李正法	1917	1939	新四军三师九旅二十五团三营战士	1940 年泗阳县阳桥战役
张振奎	1920	1937	新四军三师九旅二十五团三营班长	1944 年泗洪县
孙学文	1925	1941	新四军三师九旅七十九团二营班长	1944 年棠张东刘庄
朱　勇	1978	1995	郭庄飞机场某师营长	2011 年 12 月北京空军指挥学院

大事记

宋

建隆元年（960）

潘楼村称“安庄”。

是年　黄河于澶州决口，南泄之水入淮，漫千余里，潘楼一片汪泽。

元

大德六年（1302）

潘楼大水，庄稼无收，民饥。

明

建文四年（1402）

燕王朱棣征北，文官于安庄居住，朱棣命名安庄为“文营房”。

正统三年（1438）

文营房改名“灌沟村”，以灌沟河取村名。

天顺八年（1464）

灌沟村观音庙重修扩建。

万历三十二年（1604）

灌沟村南立潘大公、潘二公、潘三公墓碑三座。

清

雍正六年（1728）

灌沟村潘姓人家建两层楼一座，故称潘楼村。

光绪二十二年（1896）

潘楼村侯姓人家办私塾学堂一所。

中华民国

1912年

民国政府改私塾为民国学校，灌沟小学成为三堡最早的一所学校。

1926年

4月　徐州特支改组为中共徐州独立支部，潘楼人郭大杰任组织干事。

是年秋　中共徐州独立支部在潘楼建立党支部。

1938年

3月　潘楼村刘光宗、侯永庚创建抗日游击队。

6月　潘楼村游击队与城南游击队合并。

1944年

中共潘楼村地下党组织发展党员12名。

1946年

2月　顾子扬与侯永康、侯文钗和侯文铭在潘楼开办子扬中学。

1947年

潘楼村归属铜山七区房上乡管辖。

1948年

12月　潘楼地区解放。潘楼村归属萧县桃山区管辖。

中华人民共和国

1949年

10月　潘楼村建立政权组织农民协会，亢东兴、魏全圣先后任农会会长。

1950年

12月　潘楼村成立新民主主义青年团，魏义同首任青年团书记。

1951年

秋　县土改工作队入驻潘楼，开始土地改革运动。

11月　灌沟河河床改造。

1952年

3月　民主建政，群众以“投豆”形式选举张振业为四堡乡乡长，乡公所设在潘楼。

1953年

12月　潘楼以互助组为基础，组建新华初级农业生产合作社，分为一社、二社、三社。

1956年

5月　新华高级合作社成立。

11月　潘楼村西灌河、藕河交汇处建造永丰涵闸。

12月　永丰闸向北坡河拓宽工程完成。

1957年

夏　县栽植水稻动员现场会在潘楼召开。

11月　张振业任潘楼村(四堡乡)党总支书记，胡新民任副书记。

是年　潘楼村开展社会主义大辩论。

1958年

10月　三堡人民公社成立，下设管理区，潘楼为第三管理区，后改为潘楼大队。

是年　潘楼大队以生产小队为单位开办公共食堂。

1960年

2月　潘楼村人均分菜地1厘，自留地1分。

6月　胡新民任潘楼村党支部书记，秦庆云任副书记。

1961年

8月　潘楼村接收政府从南方调来的干菜、菱藕等，供灾民度过饥荒。

1962年

1月　张振业任潘楼大队党支部书记，秦庆云任副书记，金广志任支部委员。

5月28日　潘楼村降大暴雨，灌沟河堰溃决，洪水漫溢，三麦受渍，基本无收。

1963年

8月　潘楼村开展社会主义教育运动。

夏秋　潘楼村连降暴雨，夏粮无收，政府从南方调运大米赈灾。

1964年

2月　潘楼村开展"四清"（清政治、清经济、清组织、清思想）运动。

1965年

3月　潘楼大队成立贫下中农协会，耿庭轩任潘楼大队贫协主席。

是年　潘楼大队周庄、何庄、王庄三个自然村分出，成立周庄大队。

1967年

10月　张振业任潘楼大队党支部书记，金广志、张茂盛任支部委员。

是年　潘楼村划出下楼自然村，并入王庄大队。

1968年

11月6日　潘楼大队架通高低压线路。

1969年

是年　潘楼大队接收安置徐州下放"老三届"知识青年22人。

1970年

8月　潘楼大队派人参加农村赤脚医生培训。

12月20日　潘楼大队民兵、知青、卫生、复退军人4名代表参加县毛泽东思想积极分子代表大会，受到大会表彰。

1971年

10月　潘楼大队实行贫下中农管理学校。

1972年

3月　潘楼大队落实旱改水面积800亩。

11月　潘楼大队户户安装广播小喇叭。

1973年

3月　潘楼大队恢复群团组织，娄天珍任潘楼大队妇女主任，潘洪彬任共青团支部书记。

8月11日　奎河与灌河水利纠纷达成协商纪要。

9月　金广志任潘楼大队党支部书记，张茂盛任副书记，郭柱贤任支部委员。

1974年

5月　潘楼大队掀起农业学大寨高潮。

1975年

9月　县委农业学大寨工作队进驻潘楼大队帮助工作。

1976年

2月　潘楼大队发现2例脑膜炎病例。

10月　潘楼大队村西灌沟河修建友谊桥一座。

1977年

是年　潘楼大队建设标准化农田水利灌溉渠。

是年　大队砖瓦厂建成并投产。

1978年

5月　大旱，夏粮严重减收。

1979年

2月　潘楼大队根据上级文件精神为“五类分子”摘帽。

1980年

9月　潘楼村实行国家“一对夫妻只生育一个孩子”政策。

1981年

9月　潘楼完小附设初中班取消，创办周庄联办初级中学。

1982年

5月8日　潘楼大队党支部改选，副书记张茂盛主持支部工作。

7月21日　友谊桥西100米、灌沟河南堰决堤40米，淹没庄稼600亩。

9月　全面实行“大包干”。

11月　潘楼大队贫下中农协会撤销。

1983年

5月　潘楼村第一届村民委员会选举，原潘楼大队改为潘楼村民委员会，大队长改为村民委员会主任，郭贤明为村委会主任，郭柱贤、张精平、郭贤志、金广州、周脉营为委员。

8月11日　原大队、生产队公章上交封存。

1984年

2月22日　潘楼村被中共铜山县委、铜山县人民政府第一批命名为“文明村庄”。

2月24日　潘楼村调整土地，实行果树、水面、荒山承包。

4月20日　潘楼村卫生室验收达标，赤脚医生改为乡村医生。

10月　潘楼村党支部换届，郭贤明任党支部书记，周脉营、张衍刚、张精平、潘洪举任支部委员。

1985年

1月　潘楼村设立会计服务站，生产队设联队会计。

9月10日　潘楼村庆祝第一个教师节，为老教师颁发荣誉证书。

1986年

2月　潘楼村进行宅基地丈量、清理、登记、建档。

9月　潘楼小学改为六年制，初中改为三年制。

1987年

12月　潘楼村第二届村民委员会换届选举，周脉营当选村委会主任，张精平、张衍刚、潘洪举、陈廷书为委员。

1988年

3月　潘楼造纸厂开工建设。

是年　大旱，年降水560毫米，农作物受损严重，人畜饮水困难。

1989年

4月　潘楼村受低温影响，春季作物遭受严重冻害。

7月　台湾同胞刘民生携家人一行5人返乡探亲。

8月　潘楼村党支部换届，郭贤明任党支部书记，周脉营、张衍刚、张精平、潘洪举任支部委员。

1990年

6月　潘楼村实行宅田分开，废除宅田合一，宅基地户均169—200平方米。

10月　潘楼村200名村民参加徐洪河一期工程和白马湖分洪工程施工。

1991年

7月1日　潘楼村召开党员大会，庆祝建党70周年。提出抓好工业、农业种植调整和发展第三产业。

1992年

5月　潘楼村党支部换届，郭贤明任党支部书记，周脉营、张衍刚、张精平、潘洪举任支部委员。

6月28日　潘楼村派员参加铜山新区建设开工大典。

1993年

1月10日　潘楼村召开选民大会，首次选举县、镇两级人大代表。

1994年

3月　潘楼村第三届村民委员会换届选举，张衍刚当选村委会主任。张精平、金生计、侯希美、王保华为委员。

1995年

7月　潘楼遭受暴风雨袭击，秋季作物严重受灾。

9月　潘楼小学新建教学楼落成。

1996年

11月　潘楼村西南湖河道拓宽加深，提高蓄水能力。

是年　潘楼村每人集资100元，将通往206国道的汇合西路修建水泥路。

1997年

1月8日　张衍刚任潘楼村党支部书记。

6月　潘楼村600亩耕地旱改水，稻地开征水资源费。

7月8日　潘楼村第一条水泥路主干道启星路开工建设。

1998年

1月　潘楼村第四届村民委员会换届选举，周脉营当选村主任，张精平、谢春强、金生计、侯希美为委员。

1月　潘楼村主干道启星路亮化迎春节。

8月　潘楼村党支部换届，张衍刚任党支部书记，周脉营、张精平任支部委员。

11月　潘楼村决定统一使用新型民居图纸，改善居住环境，提升乡村文明。

12月　潘楼村党支部决定全面加强精神文明建设，开展“十星”级文明户评选活动。

1999年

7月　潘楼村村体改造工程开工。

7月18日　潘楼村办公楼动工建设。

12月　全村普及有线电视。

2000年

9月　潘楼造纸厂改制，由集体企业改制为民营企业，更名为“铜山隆源造纸有限责任公司”，法定代表人张衍刚。

10月　潘楼村新建卫生室楼房竣工。

2001年

1月19日　潘楼村被江苏省政府授予“村镇文明住宅小区”称号。

5月6日　三堡卫生院潘楼分院挂牌。

11月　潘楼村新建公共水冲厕所2座。

11月下旬　开挖潘楼北大沟。

12月　潘楼村8个村民小组合并为3个村民小组。

2002年

2月28日　潘楼村获“2001—2002年江苏省文明村”称号。

3月　潘楼村党支部换届，张衍刚当选支部书记，周脉营、侯希美任支部委员。

4月　潘楼村第五届村委会换届选举，张衍刚当选村委会主任，谢春强、金生计、侯希美为委员。

是年　潘楼村党支部书记张衍刚被选为江苏省第十届人民代表大会代表。

2003年

8月　教育布局调整，潘楼小学停办。学生分流到周庄小学。

9月12日　徐州市农村经济工作会议在潘楼村召开。

11月　潘楼村中心永安路与启星路交会处建“老寿星”雕塑一尊。

12月　国家林业局授予潘楼村“全国平原绿化千佳村”称号。

2004年

2月2日　潘楼村获“2003—2004年江苏省文明村”称号。

3月20日　潘楼村被评为江苏省婚育新风进万家活动先进单位。

2005年

1月　潘楼村第六届村民委员会换届选举，张衍刚当选村主任，谢春强、侯希美、金生计、郭贤柏为委员。

1月　潘楼村党支部换届，张衍刚任党支部书记，周脉营、谢春强、侯希美、郭贤柏任支部委员。

4月26日　潘楼村党支部书记张衍刚被授予“全国劳动模范”荣誉称号，并赴京参加全国劳模“五一”表彰大会。

12月　江苏省第三巡回检查组到潘楼指导保持共产党员先进性教育活动。

2006年

5月　全村村民吃上安全自来水，水井深185米。

12月6日　江苏省政府授予潘楼村“江苏省管理民主示范村”称号。

是年　潘楼村建成翠薇园（老寿星）文化广场。

是年　潘楼村疏浚藕河。

是年　潘楼村实行粮食直补和良种补贴“一卡通”。

2007年

6月5日　中共中央文献研究室研究员陈晋、中直机关纪委副书记王志敏以及中央档案馆、国家档案局工作人员一行13人，在县领导陪同下到潘楼村考察。

11月6日　三堡镇党委号召全镇学潘楼，开展“十星”级文明户创建活动。

12月　张衍刚当选江苏省第十一届人民代表大会代表。

是年　潘楼村获中宣部、中央文明办、国家林业局颁发的“全国绿色小康村”称号。

是年　潘楼村第一期老年关爱之家居住小区建成，安排入住。

2008年

1月　潘楼村第七届村民委员会换届选举，张衍刚当选村主任，谢春强、侯希美、郭贤柏为委员。

3月27日　潘楼村党支部升格为潘楼村党总支委员会，原班子支委不变。

4月　潘楼村砖瓦厂政策性关闭。

9月　潘楼村西南湖（与安徽省交界处）600亩水田，电灌站改建工程完成。

是月　铜山隆源造纸有限公司政策性关闭。

2009年

7月6日　全县2009年度大学生村干部到潘楼村参观，大学生村干部戴琳到潘楼村任党总支副书记。

9月2日　徐州市新农村建设现场会在潘楼村召开。

2010年

2月13日　潘楼村获“2007—2009年江苏省文明村”称号。

11月10日　潘楼村自筹资金及利用农业综合开发资金，在村西北藕河上建造宜丰桥一座。

12月　潘楼村党总支换届，张衍刚当选总支书记，谢春强、戴琳任副书记，侯希美、郭贤柏任委员。

2011年

1月　潘楼村第八届村委会换届选举，谢春强当选村主任，侯希美、郭贤柏、周脉营当选为村委员会委员。

12月7日　国家"创建国家森林城市"专家考察组到潘楼村考察绿化建设情况。

12月10日　潘楼村建成灌溉井站13个，机灌面积全覆盖。

12月20日　潘楼村南中沟河拓宽至25米，增加雨水利用储存量5万立方米。

2012年

1月　潘楼村村北入口处建标志性建筑物石门一座，省国画院院长、美协主席喻继高题额"潘楼"二字。

3月　潘楼村改建乐美、老寿星两个文化广场。

4月　潘楼村第二期老年关爱之家居住区竣工，安置入住。

12月　潘楼村摩尔庄园小区（别墅）竣工。

是年　江苏省人民政府授予潘楼村"江苏省文明标兵村（2010—2012）"称号。

是年　潘楼村引进深圳美丽集团开发建设橡树庄园住宅项目。

2013年

3月　潘楼村各道路口共设置32个监控，实现治安监控全覆盖。

8月　潘楼村获省"三星级康居乡村"称号。

11月　潘楼村获省民政厅"江苏省和谐社区建设示范村"称号。

2014年

2月　潘楼村第九届村民委员会换届选举，谢春强当选村主任，侯希美、郭贤柏、魏强当选村委会委员。

4月30日　潘楼村成立全区第一家老龄协会。

6月　潘楼村公共水冲厕所增至7座。

8月31日　潘楼村成立青年爱心志愿者服务队。

11月6日　潘楼村与街道办事处投资230万元，拓宽汇河东路，做柏油路面2000米。

是年　潘楼村农电网改造，5000米高低压全裸线路全部更换绝缘导线。

2015年

2月4日　徐州日报社记者、铜山区民政局派员到潘楼村采访“政社互动”“公道会”与“老年关爱之家”建设情况。

2月18日　中央精神文明建设指导委员会授予潘楼村“全国文明村镇”荣誉称号。

6月20日　《人民日报》记者到潘楼村采访。

7月27日　江苏省文明办到潘楼验收生态村建设工作。

8月5日　江苏省督查组到潘楼村督查“减负增收”工作。

9月16日　江苏省委巡视组到潘楼村调研考察。

2016年

3月8日　潘楼村投资90多万元，更新2500米长居民饮用水主管道及4万多米长入户管道。

4月　潘楼村投资70万元，通往206国道的汇合西路拓宽至12米。

5月底，潘楼村竹园小区居民楼开工建设。

9月18日　潘楼村党总支换届选举，张衍刚当选为党总支书记，谢春强当选为党总支副书记，侯希美、郭贤柏、魏强当选为党总支委员。

2017年

1月　第十届潘楼村委会换届选举，谢春强连任村委会主任，侯希美、郭贤柏、魏强、吴远远当选村委会委员。

5月20日　潘楼村委会办公楼东楼竣工，多功能厅投入使用。

6月　潘楼村在文化公园新建水冲厕所2座。

6月10日　潘楼村在老年关爱之家新建卫生室，为老人提供健康服务。

7月1日　潘楼村第一家农家乐餐饮业“半亩塘”开业。

10月28日（农历九月初九）　潘楼村举办重阳节活动。

12月20日　潘楼村在办公楼东楼二层筹建潘楼村史馆。

是月　潘楼村清除意杨。

2018年

1月　潘楼村获“江苏最美乡村”称号。

1月10日　张衍刚在徐州市第十六届人民代表大会第二次会议上被选为出席江苏省第十三届人民代表大会代表。

1月28日　张衍刚赴宁参加省人大十三届一次会议。

7月20日　潘楼村第一批村庄人居环境空间治理工程开工。

8月18日　潘楼村连降暴雨200毫米左右，灌沟河南600亩农田一片汪洋，秋季农作物绝收。

10月17日　央视十三套《新闻联播》报道潘楼村重阳节活动实况。

11月1日　潘楼村吴远远入选由共青团江苏省委、江苏省文明办举办的2018“江苏好青年”百人榜，荣获“崇义友善好青年”称号。

是月　潘楼村在村中心文化广场建“好人园”，吴远远、刘迎迎、孟勇、唐德成、郭帅等18名各类“潘楼好人”入园。

2019年

1月23日　潘楼村将宜丰桥西路南两个坑塘填平，建公共货车停车场。

2月21日　部分江苏省人大代表到潘楼村参观人居环境治理工作。

4月9日　潘楼村党总支打造“党建初心室”。

4月12日　团市委在潘楼村开展青春建功新时代志愿服务（志愿接队、接牌）活动。

是月　潘楼村成立红白理事会。

7月20日　市总工会在潘楼村开展“公益文明行、服务心贴心”志愿服务活动。

8月15日　江苏省农业农村厅考察组到潘楼村考察人居环境。

10月22日　江苏省委第六巡视组到潘楼村调研“不忘初心、牢记使命”主题教育。

10月28日　江苏省电视台到潘楼村拍摄乡风文明视频。

11月　潘楼村党总支书记张衍刚被省委组织部评选为“百名示范”村支书。

12月9日　江苏省委第六巡视组到潘楼村调研乡风文明建设工作。

2020年

4月11日　徐州电视台到潘楼村拍摄“十星”级文明户视频。

5月　潘楼村永安东路全面改造门前路面和外墙立面。

6月27日　潘楼村召开全体党员、村民代表、“十星”级文明户庆“七一”暨《潘楼村志》发行大会。

8月14日　江苏省检查组到潘楼村验收“敬老文明号”工作。

9月27日　潘楼村特色田园乡村创建通过省级验收。

10月22日　江苏新闻电视台记者到潘楼村采访精神文明建设工作。

10月28日　潘楼村开展不动产确权工作。

11月17日　央视七套节目组记者到潘楼村拍摄人居环境和卫生整治视频。

12月21日　潘楼村党总支换届选举，张衍刚当选党总支书记，谢春强、吴远远当选党总支副书记，郭贤柏、魏强当选党总支委员。

是月　国家老龄委授予潘楼村“全国敬老文明号”荣誉称号。

是月　潘楼村获得“徐州市优秀文明实践站示范点”荣誉称号。

2021年

1月17日　潘楼村第十一届村民委员会换届选举，张衍刚当选村委会主任，谢春强、吴远远、郭贤柏、魏强、秦龙为委员。

2月7日　潘楼村召开2020年度总结大会，表彰“十星”级文明户、励志创业人员及爱心捐助企业。

3月　潘楼村开挖整治灌河。

4月　潘楼村整治“家河套”，河底清淤，西侧加宽。将西至四堡、东至黄桥闸沿河路加宽至四车道。

10月7日　潘楼村文明实践站组织学生开展以“庆国庆，礼赞新中国”为主题的手工制作活动。

11月　潘楼村村内主干道路实施黑化。

12月　潘楼村建设“数智潘楼”智慧楼。

2022年

1月　潘楼村数智潘楼可视化平台动工安装。

3月　根据区委统一部署，开展走基层、转作风、惠民生大走访活动。

4月　潘楼村春风溪语项目动工建设。

9月　潘楼村好人园改造升级为新时代文明实践广场。

9月2日　农业农村部规划设计院副院长张燕卿一行到潘楼调研乡村发展建设。

9月7日　农业农村部政策研究室到潘楼村调研。

9月　潘楼村污水主管网重新铺设。

10月　潘楼村对鑫兴路、竹园路、龙汪南路进行路面黑化。

编后记

按照江苏省地方志编纂委员会办公室有关《江苏名镇名村志》编纂要求，《潘楼村志》历经三载，三易志稿，经共同努力，终于2023年12月成稿。

2020年6月，原《潘楼村志》出版发行，在市、区地方志办公室的支持鼓励下，潘楼村党总支、村委会决定编纂《江苏名村·潘楼村志》。同年底，编纂工作正式启动，成立潘楼村志编纂委员会。编纂委员会由村支两委成员组成，编委会主任由党总支书记（兼村委会主任）担任，下设办公室，由一名副书记任办公室主任，具体负责编纂工作。

2022年3月，聘请3位具有一定文字功底的同志编写。按照《江苏名镇名村志》编纂要求，编制篇目。以原《潘楼村志》材料为基础，另安排2位供稿联系人，负责提供相关材料。5月，正式编写。编纂人员围绕“乡村建设”和“文明村建设”两大板块，重点突出潘楼的名村特色。2022年12月，《潘楼村志》正文完成，共7篇，交由村编纂委员会预审。2023年1—3月，编委会成员分别对志稿认真审核，调整了部分数据，增加了大事记内容。其间，市地方志办公室专家对志稿整体架构作了指导。编纂人员根据编委会和专家意见作了修改，对图文、视频作了补充。4月，交由区地方志办公室初审，区方志办组织相关人员召开评审会。5月，形成《潘楼村志》终审稿，上报市地方志办公室终审。

2023年5月，根据市地方志办公室反馈的修改意见、建议，编纂人员对部分篇目结构做了一些调整，对文字进行再加工修改。6月，《潘楼村志》修订工作完成，并上报省地方志办公室审核验收。8月，针对验收稿提出的修改意见再行修改。9月，完成验收稿的修改。修订后的《潘楼村志》共设7篇，约13.9万字，图片70余幅，视频20余个。

《潘楼村志》在编纂过程中，村党总支、村委会高度重视，在人力、物力上给予充分保障，使志书编纂工作顺利进行。其间，多次得到省、市、区地方志专家悉心指导。在此，谨向关心、支持本部志书编修工作的省、市、区史志办的领导专家，向参与本部志书编修工作的单位和个人，向为本志提供照片的仇彬、李传新等同志表示衷心的感谢！

由于编写能力和水平有限，书中定有不足之处，恳请广大读者批评指正和谅解。

潘楼村志编纂委员会办公室

2023年12月